Verhandlungen, Mitteilungen

und

Berichte

des

Centralverbandes Deutscher Industrieller.

№ 127.

Herausgegeben

von

Dr. jur. Schweighoffer,
Generalsekretär des Centralverbandes Deutscher Industrieller,
Berlin W 9, Linkstr. 25 (Fuggerhaus).

Telephon: Amt Lützow, Nr. 2527.

Juli 1913.

Berlin 1913.
J. Guttentag, Verlagsbuchhandlung,
G. m. b. H.

Inhaltsverzeichnis.

Centralverband Deutscher Industrieller.

Sitzung des Ausschusses

am 11. Juni 1913, abends 6 Uhr, zu Berlin im Hotel Adlon.

Vorsitzender Landrat **Roetger**-Berlin: Meine Herren! Bei Eröffnung der heutigen Ausschußsitzung wird es uns allen Bedürfnis sein, des nahe bevorstehenden Regierungsjubiläums unseres Kaisers zu gedenken, in schlichter Weise, wie es sich für Männer der praktischen Arbeit gebührt, die zu ernster Beratung über wichtige, unser Wirtschaftsleben in seinen Tiefen berührende Fragen der Gesetzgebung zusammengetreten sind.

Wenn wir uns auf den Boden der realen Tatsachen stellen, so müssen wir freudig bekennen, daß in den verflossenen 25 Jahren der Regierung Kaiser Wilhelms II. unsere gesamte Wirtschaft in allen ihren Teilen einen ungeheuren Aufschwung genommen hat, daß die Lebenshaltung aller Kreise der Bevölkerung, insonderheit der breitesten Schicht derselben, unserer industriellen Arbeiterbevölkerung, sich in ungeahnter Weise gehoben hat, daß dank den Fortschritten von Wissenschaft und Technik die allgemeinen Lebensbedingungen, insonderheit die Volkshygiene im Deutschen Reiche ein gewaltiges Stück vorangekommen sind. Aus der Fülle der Tatsachen greife ich diese heraus, weil gerade ihre Bedeutung, in industriellen Kreisen wenigstens, auf seiten der Arbeitgeber überall voll gewürdigt wird und weil in diesen Kreisen volles Verständnis dafür vorausgesetzt werden kann, wieviel wir in bezug auf die glückliche Entwickelung dieses Teiles der Grundlagen unserer Volkswohlfahrt dem Kaiser selbst zu danken haben.

Unseres Kaisers vollstes Interesse gehört der Industrie, das wissen wir, nicht nur als eines Bewunderers jedes technischen Fortschritts, sondern vor allem, weil er durchdrungen ist von der Bedeutung unserer nationalen Industrie für unsere nationale Wirtschaft und für unsere Weltgeltung. Und dieses Interesse für die deutsche industrielle Arbeit ist wohl auch der Ausgangspunkt gewesen für die weltgeschichtliche Großtat unseres Kaisers in den ersten 25 Regierungsjahren, die Schaffung der deutschen Flotte zum Schutze deutscher Arbeit auf den Weltmeeren und jenseits derselben. Möge unserem kaiserlichen Herrn auch weiterhin eine lange, reichgesegnete Regierung beschieden sein. Ich bitte Sie, meine Herren, einzustimmen in den Ruf: Seine Majestät der Deutsche Kaiser, König von Preußen, hurra, hurra, hurra!

Ich darf annehmen, meine Herren vom Ausschuß, daß Sie damit einverstanden sind, wenn wir aus Anlaß unserer heutigen Sitzung, eben im Zusammenhange mit dem bevorstehenden Jubiläum, eine Depesche an Seine Majestät den Kaiser ergehen lassen folgenden Wortlautes:

„Eurer Majestät, als dem Schirmherrn deutscher Arbeit, entbieten anläßlich des nahe bevorstehenden Regierungsjubiläums die aus allen Teilen des Deutschen Reiches und der Reichshauptstadt versammelten Mitglieder des Ausschusses des Centralverbandes Deutscher Industrieller zum Schutze und zur Förderung der nationalen Arbeit ehrfurchtsvolle Glückwünsche und erneuern das Gelübde der Treue zu Kaiser und Reich."

Ich darf annehmen, daß die Herren mit dieser Depesche einverstanden sind. (Einmütige Zustimmung.) Ich werde sie sofort abgehen lassen.

Nun, meine Herren, bevor ich zu Punkt 1 unserer Tagesordnung übergehe, habe ich die Ehre, im Namen des Ausschusses hier willkommen zu heißen den Herrn Vertreter des Reichsamts des Innern und die Herren Mitglieder des Reichstages, insonderheit der Budgetkommission des Reichstages, die unserer Einladung Folge gegeben haben. Ich hoffe, daß die Vorträge, die heute hier gehalten werden, im Zusammenhange mit den Diskussionen, die sich an dieselben anschließen werden, auch bei den Herren Mitgliedern des Reichstages ein ungeteiltes Interesse erwecken werden, und daß die Herren aus unserer Diskussion insbesondere Winke mitnehmen werden, die für die endgültige Verabschiedung der wichtigen Vorlagen, die uns heute beschäftigen sollen, von Wert sein dürften.

Bevor wir zu den Gesetzesvorlagen übergehen, die uns beschäftigen, ist noch unter Punkt 1 der Tagesordnung die

Zuwahl neuer Mitglieder in den Ausschuß

zu erledigen. Es werden den Herren des Ausschusses vom Direktorium vorgeschlagen die Herren Geh. Regierungsrat Dr. von Böttinger, M. d. H., Elberfeld; Direktor Blume-Stettin; Graf von Brockdorff-Berlin, Generalbevollmächtigter Sr. Durchlaucht des Fürsten Henckel von Donnersmarck; Dr. Flechtner, Generalsekretär des Vereins der Industriellen Pommerns und der benachbarten Gebiete, Stettin; Geh. Baurat Dr.-Ing. von Gontard, M. d. H., Generaldirektor der Deutschen Waffen- und Munitionsfabriken, Berlin; Generaldirektor Grau-Kratzwieck bei Stettin; Dr. Haßlacher, Generaldirektor der Meidericher Stahlwerke, Duisburg-Meiderich; Professor Dr. Moldenhauer, Geschäftsführer des Allgemeinen Versicherungsschutzverbandes, Cöln; Regierungsassessor a. D. Pastor, Vorsitzender des Vereins Deutscher Tuch- und Wollwarenfabrikanten Berlin-Aachen, Aachen; Dr. Reichert, Geschäftsführer des Vereins Deutscher Eisen- und Stahlindustrieller, Berlin; Syndikus Roitzsch, Geschäftsführer der Vereinigung sächsischer Spinnereibesitzer, Chemnitz; Dr. Toepffer-Stettin; Geh. Kommerzienrat Weber, Vorsitzender der Handelskammer Gera; Dr.-Ing. Werner, Vorsitzender des Vereins Deutscher Eisengießereien, Düsseldorf.

Ich eröffne die Diskussion über diesen Vorschlag des Direktoriums.

Es meldet sich niemand zum Wort. Ich schließe die Diskussion und konstatiere, daß die Herren, die ich verlesen habe, gewählt worden sind.

Wir kommen nun zu Punkt 2 der Tagesordnung:

Grundsätzliche Gesichtspunkte für die Deckungsfrage.

Berichterstatter ist Herr Regierungsrat a. D. Schweighoffer.

Geschäftsführer Regierungsrat a. D. Dr. jur. **Schweighoffer**-Berlin: Meine sehr geehrten Herren! Die politischen Vorgänge, die seit Beginn des Balkankrieges die ganze Welt in Spannung hielten, haben wieder einmal mit aller Deutlichkeit erkennen lassen, in welcher schwierigen Lage sich Deutschland den übrigen europäischen Staaten gegenüber befindet. Diese, in der Geschichte und den geographischen Verhältnissen Deutschlands begründete Schwierigkeit ist bereits vor mehr als Jahresfrist, am 12. Februar 1912, von dem Herrn Reichskanzler bei Gelegenheit des Festmahls des Deutschen Landwirtschaftsrates, mit eindringlichen Worten gekennzeichnet worden, und aus dieser Tatsache heraus hat sich auch die Notwendigkeit der gegenwärtig im Reichstage zur Entscheidung stehenden Heeresvermehrung ergeben, eine Vermehrung, wie sie seit der Reorganisation der preußischen Armee im Jahre 1861 in solchem Umfange nicht mehr angefordert worden ist

Es ist nicht Gepflogenheit des Centralverbandes Deutscher Industrieller, sich mit rein politischen oder gar militärischen Dingen zu befassen, und deshalb erübrigt es sich auch, heute auf die Heeresvorlage selbst sowie diejenigen Deckungsfragen im einzelnen einzugehen, die außerhalb der eigentlichen Interessensphäre von Handel, Gewerbe und Industrie liegen. Um so dringender aber erscheint es geboten, zu denjenigen Fragen Stellung zu nehmen, durch welche die deutsche Industrie unmittelbar berührt wird und deren Lösung sie in erster Linie in Mitleidenschaft zieht. Soweit dies hinsichtlich des einmaligen außerordentlichen Wehrbeitrages und hinsichtlich der Aenderung der Reichsstempelgesetzgebung der Fall ist, wird es Sache meiner verehrten Herren Mitberichterstatter sein, die Forderungen und Wünsche der Industrie auf diesem Gebiete zum Ausdruck zu bringen; meine Aufgabe ist es lediglich, in Kürze die grundsätzlichen Gesichtspunkte in bezug auf den allgemeinen Charakter und die Tendenz der neuen Steuern hervorzuheben, da beide für die weitere Entwickelung der Steuerpolitik im Reiche von weittragender und — ich möchte das gleich von vornherein betonen — verhängnisvoller Bedeutung zu sein scheinen.

Meine Herren! Wir alle sind davon überzeugt und wissen, daß Opfer zu bringen sind, und Deutschlands Handel und Industrie haben sich daher in ihren maßgebenden Vertretungskörperschaften auch durchweg bereit erklärt, diese Opfer zu bringen. Aber wir glauben, verlangen zu dürfen, daß die Verteilung der Lasten in gerechter Weise erfolgt, daß alle Volksgenossen in gleichem Maße nach ihrer Leistungsfähigkeit zu den Abgaben herangezogen werden und daß insbesondere vermieden wird, durch eine übermäßige Belastung der Einzelwirtschaften die weitere Entwickelung unserer ganzen Volkswirtschaft zu hemmen, die nun einmal auf dem Gedeihen dieser Einzelwirtschaften beruht. Es ist lediglich die Folge der staatsbürgerlichen Gleichheit vor dem Gesetz, wenn auch auf dem Gebiete des Steuerwesens das Verlangen nach einer materiell gleichmäßigen Behandlung erhoben wird, und dieses Verlangen möglichst zu befriedigen, ist nicht allein ein Gebot politischer Klugheit, sondern auch der politischen Moral, wie es sich aus dem Wesen des modernen Staates ergibt: justitia fundamentum regnorum! (Sehr richtig!)

Aus dieser Erwägung heraus konnte es daher nicht wundernehmen, wenn nach Bekanntwerden der Vorschläge der Verbündeten Regierungen für die Deckung der Kosten der Heeresvermehrung eine zum Teil sehr scharfe Kritik einsetzte. Denn diese Vorschläge, durch welche nicht nur hinsichtlich des Aufbringens des einmaligen Wehrbeitrages, sondern auch hinsichtlich der Belastung mit den dauernden Abgaben lediglich der sog. „Besitz", also nur bestimmte Klassen der

Volksgemeinschaft, getroffen werden sollten, trugen ohne Zweifel einen mehr oder weniger konfiskatorischen Charakter, und dieser Charakter ist noch wesentlich verschärft worden durch die Umgestaltung, die das Hauptstück der gesetzgeberischen Vorlagen, der Gesetzentwurf über den einmaligen außerordentlichen Wehrbeitrag, durch die Beschlüsse der Budgetkommission des Reichstages erfahren hat.

Es ist daher wohl nicht ganz unberechtigt, wenn in den letzten Tagen in hochangesehenen Tagesblättern wiederholt die Frage aufgeworfen worden ist, ob bei den neuen Vorschlägen der Kommission „nicht der Begriff der Steuer aufhöre und der der Enteignung beginne", und wenn vor allem darauf hingewiesen worden ist, daß der Wehrbeitrag in der jetzigen Form in erster Linie dazu diene, die Ideale derjenigen politischen Partei zu verwirklichen, zu deren programmatischer Forderung seit Jahren die „unmittelbare Vermögenskonfiskation" gehört. (Sehr wahr!)

Meine Herren! Es ist das erstemal seit Begründung des Deutschen Reiches, daß grundsätzlich mit dem Prinzip gebrochen wird, die Verteilung der Steuern zwischen dem Reiche und den Bundesstaaten in scharfer Abgrenzung zu halten und dem Reiche die indirekten, den Bundesstaaten die direkten Steuern als die ihrer alleinigen Verfügung unterliegende Steuerquelle zu überlassen.

Es ist daher denn auch überaus bezeichnend, daß, worauf gerade ein Mitglied der Budgetkommission, der Herr Abgeordnete Erzberger, in seiner bemerkenswerten Abhandlung: „Der Wehrbeitrag 1913", hingewiesen hat, in der Begründung der Regierungsvorlage über den einmaligen Wehrbeitrag die ganze verfassungsrechtliche Seite der Frage überhaupt nicht berührt worden ist und daß man in den Motiven vergeblich danach sucht, in welchen Artikel der Reichsverfassung der neue Vorschlag der verbündeten Regierungen eigentlich einzugliedern ist. (Hört, hört!)

Noch bei der letzten großen Reichsfinanzreform im Jahre 1909 erschien es der Regierung als etwas ganz Selbstverständliches, daß der Fehlbetrag zur weitaus größeren Hälfte durch den Ausbau der indirekten Steuern beschafft werden müsse, als dem naturgemäßen Wege, auf den Reichsverfassung und geschichtliche Entwickelung die Reichsfinanzverwaltung verweisen. Die Begründung für die damalige Forderung, den ursprünglich auf ½ Milliarde Mark geschätzten Fehlbetrag zu $^{5}/_{7}$ durch Mehrbelastung des Massenverbrauchs zu decken, begnügte sich mit dem Hinweise auf die Notwendigkeit, daß die Reform auf dem Grundsatze der Allgemeinheit aufzubauen sei und daß daher alle Bevölkerungsschichten herangezogen werden müßten. Und es wurde hierbei ausdrücklich betont, daß das Reich um so mehr verpflichtet sei, zunächst an den Ausbau der Steuern auf allgemeine Genußmittel heranzutreten, als es diese Gegenstände dem Besteuerungsrechte der Bundesstaaten durch die Verfassung entzogen habe.

Dieser Grundsatz entsprach durchaus der bisher stets und namentlich vom Altreichskanzler, dem Fürsten Bismarck, verfolgten Finanzpolitik des Reiches, und es war gerade der Schöpfer des Reiches, Fürst Bismarck selbst, der sich wiederholt auf das schärfste gegen direkte Reichssteuern ausgesprochen und die Vermehrung der Zölle und indirekten Abgaben als unerläßlich bezeichnet hat, um die Lasten der einzelstaatlichen direkten Steuern zu erleichtern. In seiner Reichstagsrede vom 22. November 1875 äußerte sich Fürst Bismarck in dieser Beziehung: „Das Ideal, nach dem ich strebe, ist, möglichst ausschließlich durch indirekte Steuern den Staatsbedarf aufzubringen", und am 15. Februar 1876, als der Fürst die Grundgedanken der in Aussicht genommenen Wirtschaftsreform darlegte, erklärte er: „In erster Linie steht für mich das Interesse der finanziellen Reform: Verminderung der direkten Steuerlast durch Vermehrung der auf indirekten Abgaben beruhenden Einnahmen des Reiches." Diese Auffassung hat der Altreichskanzler bis zu seinem Tode in Wort und Schrift vertreten und noch zuletzt in seinen „Gedanken und Erinnerungen" darauf hingewiesen, daß die auf indirekten Steuern sich gründenden Finanzen des Reiches zu den „nationalen Bindemitteln" gehörten. (Bravo!)

Derselbe Widerstand aber, der schon dem Fürsten Bismarck während seiner Amtsführung gegen die Durchführung dieser Ideen von einzelnen politischen Parteien entgegengesetzt wurde, tritt auch heute noch bei den gleichen Parteien zutage, und es werden auch heute noch von diesen das Parteidogma und die von alters her als feststehend angesehenen Schulmeinungen als allein ausschlaggebend erachtet für die Entscheidung von Fragen, deren Beurteilung lediglich unter dem Gesichtspunkte wirtschaftlicher Zweckmäßigkeit erfolgen sollte.

Dazu kommt des weiteren die gegenwärtig so machtvoll gewordene sozialistische Richtung und vor allem der große Einfluß, den die Massen der Wähler durch die Eigentümlichkeiten unseres Wahlrechts im Reiche auf die Abgeordneten erlangt haben. (Sehr richtig!)

Es kommt gerade in letzterem der Gedanke zur Geltung, dem mit so herzerfrischender Offenheit vor wenigen Jahren ein fortschrittlicher Abgeordneter im Parlamente mit den Worten Ausdruck verliehen hat: „Wir wollen ja alle wiedergewählt werden", und ich darf es getrost Ihrer Beurteilung überlassen, inwieweit solche Empfindungen den Gang und das Ergebnis der parlamentarischen Beratungen der wichtigsten Gesetzesvorlagen in der letzten Zeit günstig oder ungünstig beeinflußt haben. (Sehr gut!)

Meine Herren! Sie werden sich alle der gewaltigen Erregung erinnern, die die letzte Reichsfinanzreform im Jahre 1909 auslöste, und der Voraussagen, die namentlich von sozialdemokratischer und fortschrittlicher Seite hinsichtlich der verderblichen Wirkung der Erhöhung der indirekten Steuern damals gemacht wurden. Nun, meine Herren, die tatsächliche Entwickelung der Verhältnisse hat zur Genüge erwiesen, wie sehr sich diese Parteien in ihrer Voraussage geirrt haben und daß die Einseitigkeit des Parteisinns nicht gerade immer eine gute Lösung finanzpolitischer Probleme gewährleistet.

Um nur kurz auf einige Beispiele einzugehen, so darf ich erwähnen, daß sich die Zigarettenindustrie, von der man behauptete, sie würde infolge der erhöhten Abgaben unbedingt zugrunde gehen und die in ihr beschäftigten Arbeiter und Arbeiterinnen würden brotlos werden, derartig entwickelt hat, daß, während im Jahre 1906 die Zahl der Betriebe 1241 betrug, sie im Jahre 1910 auf über 1400 gestiegen war, daß, während im Jahre 1907 5694 Millionen Stück Zigaretten hergestellt wurden, im Jahre 1910 8361 Millionen Stück verfertigt worden sind und daß die Einnahmen aus der Zigarettensteuer im Etatsjahre 1906/07 11 Millionen Mark, im Jahre 1911/12 dagegen mehr als 34½ Millionen Mark betragen haben.

Aehnlich ist auch die Entwickelung der Verbrauchssteuern beim Tabak, Schaumwein, Spiritus und anderen Konsumartikeln gewesen. Beim Tabak ist die Gesamtbelastung durch Steuern und Zölle seit dem Jahre 1909 zwar von 12 pCt. des Wertes auf 17,5 pCt. gestiegen. Trotzdem aber bleibt hiermit Deutschland noch immer an der letzten Stelle, denn in Frankreich beträgt die Belastung des Tabaks 82 pCt., in Italien 79 pCt., in Oesterreich 65 pCt., in Rußland 35 pCt. und in den Vereinigten Staaten von Amerika 22 pCt. des Wertes, und obgleich sich die Steuer- und Zolleinnahmen für Tabak bei uns in der Zeit von 1906 bis 1911 fast verdoppelt haben, indem sie von 69 869 392 M. auf 129 708 523 M. gestiegen sind, so hat sich der Verbrauch des fabrikationsreifen Rohtabaks innerhalb des Zollgebietes in der gleichen Zeit doch noch um 103 107 dz vermehrt. Noch günstiger liegt z. B. die Entwickelung beim Kaffeekonsum. Auch hier hat eine Steigerung des Gesamtzolles von rund 75 Millionen Mark im Jahre 1907 auf etwas über 109 Millionen Mark im Jahre 1911 Platz gegriffen, wobei der Wert des Konsums um rund 88 Millionen Mark zugenommen hat.

Es läßt sich also hiernach die Behauptung wohl kaum aufrecht erhalten, daß wir im Deutschen Reiche hinsichtlich der Ausdehnung der

Verbrauchsbesteuerung im Falle des weiteren Bedarfs an Steuern an der Grenze der zulässigen Belastung angekommen seien, und wenn man mit Bezug auf die bestehenden indirekten Steuern so oft den Vorwurf hört, daß sie die ärmeren Volksklassen in erster Linie und verhältnismäßig stark belasteten, so wird hierbei nicht nur übersehen, daß ein wesentlicher Teil der Verbrauchsabgaben, wie z. B. die Schaumweinsteuer, die hohen Wertzölle auf importierten Tabak und Zigarren gerade die entgegengesetzte Tendenz haben, sondern es wird vor allem vergessen, daß aus den durch die indirekten Steuern aufgebrachten Reichsmitteln die Summen fließen, die das Reich für die reichsgesetzliche Arbeiterfürsorge aufzubringen hat, und daß daher die sozialpolitische Gesetzgebung doch einen recht beachtenswerten Ausgleich für eine etwaige Mehrbelastung der Aermeren durch die indirekten Steuern darstellt. (Sehr richtig!)

Sehr bemerkenswert sind in dieser Beziehung die Darlegungen des verstorbenen Dr. Alexander Tille in seiner Schrift: „Die Steuerbelastung der Industrie im Reich, Bundesstaat und Gemeinde", in welcher der Nachweis geliefert wird, daß unter der bestehenden Klassenversicherung die Lohnarbeiterbevölkerung schon im Jahre 1909 vom Reiche und auf Grund der Reichsgesetze ebensoviel Barzuwendungen erhalten hat wie sie überhaupt Aufwandsteuern für das Reich zahlte, daß also der Lohnarbeiter seit geraumer Zeit, obgleich er das gleiche Reichstagswahlrecht besitzt wie der Unternehmer, bereits völlig von Steuerlasten für das Reich befreit ist und mehr vom Reiche erhält, als er ihm leistet. (Hört, hört!)

Meine Herren! Wenn man sich einmal vergegenwärtigen will, wie sich in den anderen Kulturstaaten, namentlich in denjenigen, die uns immer wegen ihrer außerordentlich ausgebildeten freiheitlichen Einrichtungen als Muster vorgeführt werden, das Verhältnis der direkten Steuerlast zur indirekten in den letzten Jahren entwickelt hat, so kommt man an der Hand der vor wenigen Tagen der Budgetkommission des Reichstages von dem Herrn Reichsschatzsekretär vorgelegten Denkschrift zu sehr interessanten Feststellungen. Während im Deutschen Reiche gegenwärtig die direkten Steuern einen Betrag von 2008 Millionen Mark, die indirekten einen solchen von 2071 Millionen Mark ausmachen, betragen die direkten Steuern in Frankreich 1062 Millionen Mark, die indirekten 2713 Millionen Mark. In England stellt sich das Verhältnis der direkten zu den indirekten Steuern auf 2638 zu 2082 Millionen Mark, und in Oesterreich, um auch dieses in den Vergleich hineinzuziehen, auf 315 zu 884 Millionen Mark. Wir finden somit neben Oesterreich vor allem in der Republik Frankreich ein ganz außerordentliches Ueberwiegen der indirekten Steuern, wobei noch zu bemerken bleibt, daß sich in Frankreich nach der Denkschrift des Reichsschatzamtes auch die absolute Höhe der Verbrauchssteuerbelastung auf den Kopf der Bevölkerung bei weitem am höchsten stellt, indem sie hier 69,04 M. beträgt, während sie sich in England auf 46,80, in Deutschland auf 31,86 und in Oesterreich auf eine beinahe gleiche Summe, nämlich 30,95 M. beläuft. Die Belastung der breiten Massen der Bevölkerung mit indirekten Abgaben ist somit in England um 47 pCt. und in Frankreich sogar um 117 pCt. größer als bei uns, und trotzdem erleben wir es gerade jetzt, daß sich Frankreich anschickt, auf den Alkohol, Absinth und andere Konsumartikel ganz enorme Steuererhöhungen zu legen, um daraus einen Teil der Mittel für die dortige Heeresvermehrung aufzubringen.

Unter diesen Umständen darf man wohl sagen, daß der von der Reichsfinanzverwaltung eingenommene Standpunkt der ausschließlichen Belastung des Besitzes durch die neu angeforderten Steuern weder in der bisherigen Steuerverteilung an sich noch im Vergleich zu anderen Ländern eine Begründung findet, und man wird auch mit Recht die Frage aufwerfen können, ob auf die Dauer im Deutschen Reiche der Grundsatz überhaupt durchführbar sein wird, daß die Schultern, die für eine Neubelastung durch Steuern in Betracht kommen sollen, lediglich die sogenannten starken sein dürfen und daß die Verbrauchsartikel der Massen nicht mit weiteren Abgaben zu belasten sind.

Meine Herren! Wenn dieser Grundsatz, der bisher nur zu den Glaubenssätzen der Wahl- und Parteitaktik bestimmter politischer Parteien gehörte, nunmehr auch von den verbündeten Regierungen angenommen und konsequent durchgeführt werden sollte, dann werden diese und überhaupt jedes Staatswesen, das in die gleiche Lage versetzt würde, wohl dazu übergehen müssen, einen immer größeren Teil des Einkommens und des Vermögens dieser sogenannten starken Schultern im Wege der Enteignung zu konfiszieren. Denn diese Klasse der starken Schultern ist nicht nur in Deutschland, sie ist auch in dem als sehr reich bekannten England im Verhältnis zu der ganzen Bevölkerung überaus gering.

Wenn man z. B. an der Hand der preußischen Einkommensteuer — und ich glaube, daß die Verhältnisse in dieser Beziehung in ganz Deutschland denen des preußischen Staates ziemlich ähnlich sein werden — alle diejenigen, die ein Einkommen von 3000 M. und mehr haben, mit zu den starken Schultern rechnen will, dann beträgt die Zahl dieser Zensiten nur 11,35 pCt. aller Steuerpflichtigen, während 88,65 pCt. weniger als 3000 M. Einkommen haben, und es ist in diesem Zusammenhange doch der besonderen Beachtung wert, daß, während das Deutsche Reich eine Gesamtbevölkerung von 66 1/2 Millionen Seelen hat, die ganze gewaltige Milliardenlast des Wehrbeitrages nach den Berechnungen des Reichsschatzamtes nur von etwa 480 000 Steuerträgern aufgebracht werden soll, ein Vorgang, wie er in der Steuergeschichte der neueren Zeit wohl ohne Beispiel ist. (Sehr wahr!)

Meine Herren! Es ist nicht meine Aufgabe, hier in eine Untersuchung darüber einzutreten, inwieweit bei dieser Lage der Sache das in der Beitragsleistung zum einmaligen außerordentlichen Wehrbeitrag liegende Opfer von den einzelnen Steuerpflichtigen noch als erträglich empfunden werden wird und wo daher die zulässige Grenze der Belastung zu suchen sein wird. Ich möchte aber doch im Zusammenhange mit meinen Darlegungen darauf hinweisen, daß, wenn das deutsche Volk in der Lage ist, jährlich rund 3 1/2 Milliarden Mark für alkoholische Getränke und über 400 Millionen Mark für Tabak, Zigarren und Zigaretten auszugeben, wenn der deutsche Arbeiter imstande ist, freiwillig an seine sozialdemokratischen Organisationen rund 32 M. jährlich und mehr zu entrichten, so daß im Jahre 1911 diese Organisationen von der Arbeiterschaft 72 Millionen Mark an Beiträgen erhielten (hört, hört!) —, daß es alsdann auch wohl weiteren Kreisen der Nation möglich sein wird, zu ihrem Teile sich an der Deckung der Kosten unserer Heeresmacht zu beteiligen, die stark und mächtig zu erhalten doch nicht nur im Interesse der kleinen Minderheit der Besitzenden, sondern in allererster Linie im Interesse der Gesamtheit des deutschen Volkes und damit auch der ganzen deutschen Arbeiterschaft liegt. (Sehr wahr!)

Es soll hier doch einmal offen ausgesprochen werden, daß die Gesamtheit des Volkes als solche Träger der nationalen Pflichten ist, und daß es daher das staatsbürgerliche Pflichtbewußtsein stark mindern würde, wenn fortan nicht mehr alle Klassen der steuerpflichtigen Bevölkerung ohne Ausnahme und ohne Unterschied zu den notwendigen Ausgaben für das Heer beizutragen haben würden, sondern wenn die Mehrausgaben lediglich noch von den sogenannten besitzenden Kreisen allein getragen werden sollten. (Bravo!)

Ich bin mir wohl bewußt, daß ich mir mit diesen Ausführungen von seiten der Sozialdemokratie und der ihnen nahestehenden Linksliberalen wieder einmal den Vorwurf der „Scharfmacherei" zuziehen werde, und daß meine Darlegungen von dieser Seite als ein Versuch werden gedeutet werden, die Erwerbskreise und das Unternehmertum möglichst vor Lasten zu schützen; ich bin mir aber ferner auch nicht im unklaren darüber, daß es im gegenwärtigen Stadium der Beratungen der Deckungsvorlagen leider ausgeschlossen ist, daß unsere Kritik eine praktische Wirkung zeitigen wird. Ich habe mich aber zu diesen Ausführungen vom Standpunkte der Industrie und der deutschen Unternehmer aus deshalb für verpflichtet erachtet, weil es angebracht erscheinen muß, schon jetzt warnend darauf hinzuweisen, daß die Regierung mit ihren Deckungsvorschlägen einen Weg beschritten hat, der in vollständiger Abweichung von dem bisher verfolgten bei weiterer Ausdehnung unter Umständen für unsere ganze Volkswirtschaft zu einem außerordentlich gefährlichen werden kann.

In welcher Weise jedenfalls die linksstehenden Parteien die Vorschläge der verbündeten Regierungen ihren parteipolitischen Zwecken nutzbar zu machen bemüht sind, das läßt sich wohl zur Genüge tagtäglich aus den Auslassungen der liberalen Tagespresse ersehen, in denen aus Anlaß des einmaligen Wehrbeitrages „die Reichsvermögenssteuer als der feste Kern der Aufwendungen für die dauernden Ausgaben der Heeresverwaltung und vor allem als ein Programm, das besonders entwickelungsfähig ist", bezeichnet wird. Meine Herren! Eingehender und zutreffender können wohl die schweren Bedenken, die aus finanzpolitischen und staatsrechtlichen Gründen gegen die Forderung einer direkten Reichsvermögenssteuer zu erheben sind, nicht gut gerechtfertigt werden, als dieses letzthin durch den Senatspräsidenten des preußischen Oberverwaltungsgerichts, Herrn Geheimrat Dr. Strutz, in dem ersten Hefte der „Finanzwirtschaftlichen Zeitfragen" des Jahrganges 1913 geschehen ist. Dabei glaube ich allerdings darauf hinweisen zu sollen, daß man andererseits aber auch den Darlegungen dieser Autorität, insoweit sie sich auf die von mancher, namentlich industrieller Seite befürwortete Reichserbschaftssteuer erstrecken, doch einige Beachtung schenken sollte. Denn das Gewicht der Gründe, mit denen Strutz die gegen die Einführung einer Reichserbschaftssteuer erhobenen Einwände wiederlegt, dürfte in bezug auf die objektive Beurteilung einer solchen Steuer kaum zu unterschätzen sein. Es sind gerade die in dieser Hinsicht gemachten Ausführungen um so bemerkenswerter, als Strutz, wenn er auch die als indirekte Steuer anzusprechende Erbschaftssteuer im Notfall als einen gangbaren Ausweg aus der Reichsfinanzmisere anerkennt, doch mit eindringlichen Worten vor der Einführung einer direkten Reichsvermögenssteuer warnt, und ich möchte in diesem Zusammenhange auch nicht unerwähnt lassen, daß selbst ein so sachkundiges Mitglied der Budgetkommission des Reichstages, wie es der Herr Abgeordnete Erzberger ist, in seiner von mir bereits erwähnten Abhandlung das Bedenkliche und sogar „Brutale" der Besitzsteuern im Reiche treffend hervorgehoben hat. (Hört, hört!)

Mit vollem Recht ist daher denn auch von den Vertretern der verbündeten Regierungen so und so oft in geradezu feierlicher Form als ihre einmütige Ansicht verkündet worden, daß eine Reichsvermögenssteuer der Anfang vom Ende der finanziellen und politischen Selbständigkeit der Einzelstaaten bedeuten würde, und wenn gegenwärtig von der Reichsfinanzverwaltung eine Besteuerung des „Besitzes“ in der Gestalt eines außerordentlichen Wehrbeitrages in Vorschlag gebracht worden ist, so kann die einzige Rechtfertigung hierfür nur in der Einmaligkeit der Erhebung dieser Abgabe erblickt werden, infolge deren sie die einzelstaatlichen Steuersysteme dauernd zu beeinflussen nicht in der Lage sein wird. (Sehr richtig!)

Von dieser Voraussetzung der Einmaligkeit der Abgabe sind alle Erwerbsstände, Industrie, Handel und auch das Handwerk, gleichermaßen ausgegangen, wenn sie sich durch ihre Vertretungskörperschaften aus vaterländischen Rücksichten in diesem Falle so einmütig zur Uebernahme der neuen Belastung bereit erklärt haben. Gegen die Möglichkeit der Wiederholung einer derartigen Vermögensbesteuerung von Reichs wegen würden indessen gerade aus diesen Kreisen die allerschwersten Bedenken zu erheben sein. Diese Bedenken sind um so gerechtfertigter, als der Wortführer der Sozialdemokraten, der Abgeordnete Dr. Südekum, in der ersten Lesung der Wehrvorlage am 16. April d. J. die Vorlage der Regierung als einen „zweifellosen Erfolg der Sozialdemokratie und der sozialdemokratischen Erziehung, als ein Zugeständnis von nicht zu übertreffender Bedeutung“ bezeichnet und hiermit zur Genüge dargetan hat, wie groß in einem Reichstage, in dem eine Mehrheit von 110 Sozialdemokraten den Ausschlag gibt, die Gefahr des sozialistischen Mißbrauchs der Steuerhoheit des Reiches in bezug auf die direkte Vermögensbesteuerung sein würde. Die Folge einer solchen Entwickelung würde, darüber kann ein Zweifel wohl kaum obwalten, ganz gleich, mit welchem „Prinzip der Gerechtigkeit“ eine weitere Erhöhung der Steuerlast drapiert werden würde, eine Erbitterung und eine gegenseitige Verhetzung der verschiedenen Teile der Bevölkerung sein, durch welche schließlich in ihrem Endergebnis ein jeder Fortschritt des Reiches, in wirtschaftlicher wie kultureller Beziehung, gehemmt werden würde.

Zu welchen Unstimmigkeiten schon jetzt die Frage der parlamentarischen Behandlung der Wehr- und Deckungsvorlagen innerhalb der politischen Parteien des Reichstages geführt hat, dafür liefert der bisherige Verlauf der Verhandlungen in der Budgetkommission einen schlagenden Beweis. Gegen die Stimmen der Konservativen und des Zentrums war von der Mehrheit der Kommission der Beschluß gefaßt worden, zunächst die Heeresvorlage als solche zu verabschieden, und sodann erst an die Beratung über die Deckungsvorlagen heranzugehen. Und noch heute ist es innerhalb des Plenums des Reichstages unentschieden, ob in letzterer Hinsicht nur über die Gestaltung des einmaligen Wehrbeitrages Entscheidung getroffen werden oder ob auch die Frage der Deckung der neuen laufenden Ausgaben für das Heer gleichzeitig ihre Erledigung finden soll.

Meine Herren! Ich bin beauftragt, es als die einmütige Ansicht des Direktoriums des Centralverbandes Deutscher Industrieller hier auszusprechen, daß eine Trennung der Beschlußfassung über die einmaligen und die dauernden Ausgaben der Heeresvermehrung auf seiten der deutschen Industrie den schwersten Bedenken begegnen würde, und daß diejenigen politischen Parteien, die für eine Verschiebung der Deckungsfragen bis zum Herbst dieses Jahres eintreten, sich in offensichtlichen Widerspruch mit den wichtigsten Interessen weiter Erwerbskreise setzen würden. Es hat sich in dieser Beziehung das Direktorium des Centralverbandes Deutscher Industrieller zunächst auf den Standpunkt gestellt, daß der Grundsatz: „Keine Ausgabe ohne Deckung", der seit den Tagen der letzten Reichsfinanzreform die zwischen den positiv arbeitenden Parteien des Reichstages und der Regierung vereinbarte Grundlage für die Behandlung aller Finanzfragen im Reiche gebildet hat, auch in Zukunft unbedingt aufrecht zu erhalten ist, und es ist ferner als der wohlberechtigte Anspruch nicht nur des industriellen Unternehmertums, sondern auch des ganzen erwerbstätigen Mittelstandes erachtet worden, daß in Bälde Klarheit darüber geschaffen wird, in welcher Weise und bis zu welchem Grade Handel und Gewerbe mit neuen Auflagen bedacht werden sollen. Es ist naturgemäß, daß mit der Ungewißheit über die Art und Höhe der neuen Steuerbelastung in weite Schichten der Bevölkerung ein starkes Moment der Beunruhigung hineingetragen wird, und gerade die deutsche Industrie, die in schwerem Wettbewerb mit den übrigen Ländern auf den ausländischen Märkten steht, und die im Falle einer jeden Erhöhung der einheimischen Steuerlast mit einer weiteren Steigerung ihrer Selbstkosten zu rechnen hat, empfindet einen derartigen Unsicherheitsfaktor bei ihren geschäftlichen Unternehmungen besonders stark.

Eine jede Verschleppung der Entscheidung über die Deckungsvorlagen bringt daher eine starke Gefährdung erheblicher Interessen der deutschen Volkswirtschaft mit sich, die sich um so schwerer fühlbar machen wird, als einerseits das Vertrauen auf die Weiterentwickelung unserer innerpolitischen Lage kaum als sehr groß bezeichnet werden kann und andererseits eine etwa einsetzende rückläufige Wirtschaftskonjunktur schon an sich weite Kreise der Industrie, insbesondere aber die Kleinindustrie und das mittlere Gewerbe, schwer in Mitleidenschaft ziehen würde. Es sprechen somit die gewichtigsten Gründe dafür, daß die Verabschiedung der Deckungsvorlagen in Gemeinschaft mit der Wehrvorlage sobald als möglich erfolgt, und es dürfen in dieser Hinsicht sowohl die berufenen Leiter unserer Reichsverwaltung als auch die Vertreter der staatserhaltenden Parteien des Reichstages an das treffende Wort eines unserer geistvollsten Rechtslehrer, des verstorbenen Professor Jhering erinnert werden, mit denen er einst die „wahren Politiker" folgendermaßen gekennzeichnet hat: „Die wahre Politik ist die Fernsicht des Interesses, das Auge des Weitsichtigen . . . . . Der Charakterzug der schlechten Geschäftspolitik besteht in ihrer Richtung auf den einzelnen Akt und den flüchtigen Moment, der guten in der Richtung auf das Ganze und die Zukunft." (Lebhafter Beifall.)

Vorsitzender: Meine Herren, bei der Zusammengehörigkeit der beiden Themata, des eben von Herrn Regierungsrat Schweighoffer gehörten Vortrages und des nunmehr bevorstehenden Referats des Herrn Kommerzienrat Kauffmann, darf ich mich der Zustimmung der Herren versichert halten, wenn ich Herrn Kauffmann bitte, sogleich das Wort zu nehmen (Zustimmung), und wenn ich dann nachher über beide Referate gemeinsam die Diskussion eröffne.

Ich bitte nun Herrn Kommerzienrat Kauffmann, zum dritten Punkt der Tagesordnung:

Der einmalige außerordentliche Wehrbeitrag

das Referat zu erstatten.

Berichterstatter Kommerzienrat Dr. **G. Kauffmann,** Vorsitzender der Handelskammer zu Schweidnitz, Hermsdorf (Katzbach): Meine sehr geehrten Herren! Die steuertechnischen Grundlagen, auf welchen die Heranziehung des Handels- und Industrievermögens zum Wehrbeitrage erfolgen soll, würden vielleicht eine besonders wichtige Frage nicht sein und auch Härten und Ungerechtigkeiten hierbei würden vielleicht in Kauf genommen werden können, wenn es sich wirklich bloß um den einmaligen Wehrbeitrag handelte. Diese Auffassung ist aber meiner Meinung nach nur sehr bedingt richtig. Denn wenn auch die Versicherung der Regierung vollen Glauben verdienen mag, daß die Deckung großer Ausgaben für Rüstungszwecke durch eine sehr weitgehende Heranziehung der Vermögen nur ein einmaliges Vorkommnis sein soll, so ist doch kaum daran zu zweifeln, daß Vermögenssteuern in den verschiedensten Formen künftig dauernd eine viel größere Rolle in unseren Steuersystemen zu spielen berufen sind als bisher, sei es, daß der Wunsch der liberalen Parteien, eine Reichsvermögenssteuer eingeführt zu sehen, sich trotz des jetzt noch vorhandenen Widerspruchs der verbündeten Regierungen doch noch einmal verwirklicht, sei es, daß durch den Umweg mehr oder weniger edler, bzw. „veredelter“ Matrikularbeiträge oder aber durch steigende eigene Bedürfnisse den Einzelstaaten die Einführung von Vermögenssteuern nahegebracht wird. Und es ist wohl kaum daran zu zweifeln, daß die Besteuerungsprinzipien, auf Grund welcher jetzt die Heranziehung der in Handel und Industrie investierten Vermögen zum Wehrbeitrage erfolgen wird, für alle in der Zukunft voraussichtlich bevorstehenden Vermögenssteuern das Vorbild abgeben werden. Hierin liegt die über den einmaligen Wehrbeitrag weit hinausgehende prinzipielle Bedeutung der Angelegenheit, und es müssen hauptsächlich aus diesem Grunde Handel und Industrie durchaus darauf bedacht sein, daß die Erhebung des Wehrbeitrages, welchen für die hohen vaterländischen Ziele zu opfern Handel und Industrie so freudig wie nur irgendein Berufsstand bereit sind, nach Maßgabe der tatsächlichen Leistungsfähigkeit des einzelnen Unternehmens auf durchführbaren und möglichst gerechten Grundlagen und in möglichst zweckmäßiger Weise erfolgt.

Bei unveränderter Annahme der Regierungsvorlage würde dies aber ganz gewiß nicht der Fall sein, vielmehr wird jeder im praktischen Geschäftsleben stehende Kaufmann und Industrielle wohl recht verwundert darüber gewesen sein, wie unzweckmäßig, ungerecht und zum Teil undurchführbar diese Bestimmungen der Regierungsvorlage, insoweit sie das Handels- und Industrievermögen berühren, gestaltet sind, wie wenig sie in den wirtschaftlichen Aufbau eines Handels- oder Industrieunternehmens sich harmonisch einfügen lassen, und in wie geschäftsfremder und bureaukratischer Weise sie in der „Begründung“ des Gesetzes motiviert sind; und ebensowenig zeigt sich eine solche ausgleichende Gerechtigkeit in den jetzt beendigten Beschlüssen der ersten Lesung der Budgetkommission.

Wohl das größte Novum, welches die Wehrvorlage für Handel und Industrie bringt, ist die besondere Besteuerung der Aktiengesellschaften, welche, wenigstens partiell, außer der Besteuerung des Aktienbesitzes erfolgen soll. Gewisse Präzedenzien sind ja allerdings in dieser Beziehung in Preußen bezüglich der Besteuerung des Aktieneinkommens vorhanden, indem das preußische Einkommensteuergesetz das Einkommen der Aktiengesellschaften, aber doch immerhin nur insoweit, als es über 3 1/2 pCt. hinausgeht, noch einmal besteuert, obgleich der Aktionär das ganze Einkommen aus der Aktie zu versteuern hat. Daß aber nicht nur das Einkommen aus einer Aktie, sondern auch das Aktienvermögen selbst doppelt vorhanden sei und doppelt besteuert werden müsse, einmal in den Händen des Aktionärs und zweitens in den Händen der Aktiengesellschaft, das ist ein Gedanke, dem in Preußen noch im Jahre 1909, aus welchem Jahre die letzte Novelle zum preußischen Vermögenssteuer- bzw. Ergänzungssteuergesetz stammt, weder die Herren Regierungsvertreter, noch der Landtag Raum gewährt haben, obgleich allerdings in Sachsen seit dem Jahre 1902 ein Präzedenzfall dieser Art bestand, auf den ich nachher noch zurückkommen werde. Daß eine solche Besteuerung eine sachlich durch nichts zu rechtfertigende Doppelbesteuerung bedeuten würde, dieses Bewußtsein ist offenbar damals in Preußen noch vorhanden gewesen, und es ist an dieser Auffassung unbedingt auch heute noch festzuhalten. Denn der Charakter dieser Erwerbsgesellschaften als selbständige Rechtssubjekte — der übrigens den Gesellschaften mit beschränkter Haftung und den bergrechtlichen Gewerkschaften formell ganz ebenso innewohnt — ist nur ein juristisch-formeller; materiell und wirtschaftlich fallen diese Gesellschaften mit der Gesamtheit der einzelnen Gesellschafter (Aktionäre) vollständig zusammen, und nur diese letzteren sind die Besitzer des in die Form von Aktien gekleideten Vermögens, während die Gesellschaften als solche kein Vermögen besitzen, sondern deren gesamter Besitz ausschließlich Eigentum der Aktionäre ist. Lediglich von Zufälligkeiten und Zweckmäßigkeitsfragen im einzelnen hängt es ab, ob ein kommerzielles oder industrielles Unternehmen in der Form einer Aktiengesellschaft oder in derjenigen einer Gesellschaft mit beschränkter Haftung oder auch einer offenen Handelsgesellschaft betrieben wird.

Demnach ist auch die Rechtfertigung, welche die „Begründung" des „Gesetzentwurfs über den Wehrbeitrag" der partiellen Sonderbesteuerung der Aktiengesellschaften und Kommanditgesellschaften auf Aktien zu geben versucht, in allen Punkten unhaltbar. — Wenn die „Begründung" sagt: „An der Erhaltung des Friedens sind die großen Erwerbsgesellschaften besonders interessiert", so ist es ja etwas Selbstverständliches, daß Deutschlands Handel und Industrie und deren Arbeiterschaft — nicht minder aber die deutsche Landwirtschaft und die gesamte deutsche Volkswirtschaft — an der Erhaltung des Friedens ein eminentes materielles wie auch ethisches Interesse haben. Wieso aber die Aktiengesellschaften und Kommanditgesellschaften auf Aktien ein größeres Interesse am Frieden haben sollen als die Gesellschaften mit beschränkter Haftung, die Berggewerkschaften, die offenen Handelsgesellschaften oder begüterten Einzelunternehmer, ist nicht einzusehen, und die „Begründung" macht auch nicht den leisesten Versuch, diese

Behauptung näher zu erläutern. — Wenn ferner die „Begründung" sagt, die Sondersteuer müsse deshalb erhoben werden, weil sonst der Besitz ausländischer Aktionäre oder ausländischer Gesellschafter in unerwünschter Weise steuerfrei bleiben würde, so ist diesem Argumente entgegenzuhalten, daß andererseits der gesamte ausländische Aktien- und Effektenbesitz deutscher Reichsangehöriger, der ungleich erheblicher sein dürfte als der Besitz des Auslandes an Aktien deutscher Gesellschaften, zum Wehrbeitrage herangezogen wird. Der Besitz des Auslandes an deutschen Aktien ist kein deutscher Besitz, und der Präzedenzfall, der durch die Besteuerung desselben für das im Auslande arbeitende deutsche Kapital geschaffen würde, würde vielleicht immerhin nicht ganz unbedenklich sein. Wenn endlich die „Begründung" behufs Rechtfertigung der Sondersteuer behauptet, daß die Aktiengesellschaften und Kommanditgesellschaften auf Aktien „in der Regel eine hohe wirtschaftliche Leistungsfähigkeit aufweisen" und daß die Doppelbesteuerung „gerade bei den genannten Gesellschaften nicht als besondere Härte empfunden werden würde", so ist hieran nur soviel richtig, daß allerdings die allergrößten kommerziellen und industriellen Unternehmungen in Deutschland — auch hier gibt es aber Ausnahmen — in der Form von Aktiengesellschaften oder Kommanditgesellschaften auf Aktien betrieben zu werden pflegen; die große Mehrheit der Aktiengesellschaften und Kommanditgesellschaften auf Aktien sind jedoch Gesellschaften mittleren oder kleineren Umfanges, welche in keiner Beziehung eine höhere wirtschaftliche Leistungsfähigkeit besitzen als die Gesellschaften mit beschränkter Haftung, die offenen Handelsgesellschaften und zahlreiche gutsituierte Einzelunternehmer. In meiner Heimat Schlesien z. B. werden die größten Kapitalkräfte nicht durch Aktiengesellschaften, sondern durch den mit Bergwerksbesitz verbundenen Großgrundbesitz repräsentiert, also durch Einzelpersonen, und an der Spitze aller industriellen Erwerbsgesellschaften steht, was die Größe des immobilen und mobilen Kapitalbesitzes betrifft, ebenfalls nicht eine Aktiengesellschaft, sondern eine oberschlesische Gewerkschaft.

Konnte die Heranziehung der Aktiengesellschaften als solcher zur preußischen Einkommensteuer wenigstens formell bis zu einem gewissen Grade mit der Auffassung gerechtfertigt werden, daß die Gesellschaft ihren Aktionären gegenüber eine einkommenvermittelnde Rolle spiele, derart, daß das Einkommen zunächst während des Geschäftsjahres der Aktiengesellschaft zufließt und erst später, nach der Generalversammlung, von der Aktiengesellschaft als Dividende an die Aktionäre weitergegeben wird, so fällt auch diese formelle Fiktion bei einer doppelten Vermögenssteuer fort. Denn das betreffende Vermögen ist unter allen

Umständen nur einmal vorhanden, von einer Uebertragung desselben seitens der Gesellschaft an die Aktionäre kann gar keine Rede sein. Uebrigens ist die in Preußen bestehende doppelte Einkommenbesteuerung durch die Steuerfreiheit von 3½ pCt. Dividende erheblich gemildert, und nur diese Milderung, welche wenigstens die schlecht rentierenden Aktiengesellschaften von der doppelten Einkommensteuer befreit, hat dieselbe einigermaßen erträglich gemacht; bei der jetzt geplanten Doppelbesteuerung des Aktienvermögens aber würde manche Aktiengesellschaft, welche trotz hoher offener oder stiller Reserven dennoch einen Ertrag von 3½ pCt. nicht abwirft, trotz der fehlenden Rentabilität zur Doppelsteuer herangezogen werden.

Völlig ungerecht ist aber auch der in dem Gesetzentwurfe geplante Modus des Umfanges der Sondersteuer. Es soll das Vermögen der Gesellschaften abzüglich des Nennwertes des Aktienkapitals (bzw. der Geschäftsanteile der persönlich haftenden Gesellschafter bei Kommanditgesellschaften auf Aktien) steuerpflichtig sein. Der Nennbetrag des Aktienkapitals ist aber im allgemeinen ein zufälliges, von den verschiedensten Umständen abhängendes Moment. Gerade die guten Gesellschaften pflegen ein verhältnismäßig niedriges Grundkapital zu haben, und es galt bisher als ein besonders gesundes und solides Geschäftsprinzip, das Grundkapital möglichst niedrig zu bemessen. Der neue Gesetzentwurf legt diesen soliden und vorsichtigen Gesellschaften eine besondere Strafe auf und behandelt diejenigen Gesellschaften günstiger, die ein im Verhältnis zu ihrem Gesamtvermögen großes Aktienkapital haben. Vorsichtige und gute Gesellschaften, die nur knappe Dividenden verteilen und infolgedessen große Reservefonds angesammelt haben, haben für diese Reservefonds die Doppelsteuer zu bezahlen; bei den weniger vorsichtigen Gesellschaften jedoch, die die gesamten Reingewinne als Dividende ausgeschüttet haben, kommen diese Beträge nur einmal (in den Händen der Aktionäre) zur Versteuerung. — Auch schon bei der Gründung von Aktiengesellschaften gilt es als ein solides und deshalb besonders empfehlenswertes Prinzip, von Hause aus möglichst große Reservefonds zu schaffen und das Aktienkapital dementsprechend kleiner zu bemessen; oder aber es wird bei Unternehmungen, deren Rentabiliät zu wünschen übrig läßt, durch einmalige buchmäßige Kapitalsreduktionen oder Sanierungen der Reservefonds auf Kosten des Aktienkapitals vergrößert. Ein derartiges solides und geschäftlich empfehlenswertes Vorgehen wird durch die neue Wehrvorlage geradezu mit einer Strafe belegt, denn der auf Kosten des Aktienkapitals geschaffene Reservefonds muß versteuert werden, das Aktienkapital dagegen nicht.

Meine Herren, diesem Gedanken einer besonderen Besteuerung der Reservefonds einer Aktiengesellschaft liegt offenbar die Auffassung zugrunde, daß es sich bei einem Reservefonds um einen besonderen Vermögensfonds handele, der unabhängig vom Aktienkapital arbeitet und Ertrag bringt, so wie das etwa bei einem aus dem Gesamtvermögen eines Unternehmens ausgeschiedenen und separat angelegten Fonds der Fall sein würde. Diese Auffassung ist bezüglich der sogenannten stillen Reserven, die bei vielen Gesellschaften die Stelle der offenen Reserven vertreten, ebenso aber auch bezüglich der buchmäßig geführten offenen Reservefonds ganz unzutreffend; vielmehr besteht die Funktion sowohl der stillen als auch der offenen buchmäßigen Reserven einer Gesellschaft ausschließlich darin, die Betriebsmittel und den Kredit der Gesellschaft zu stärken, sie gegenüber schlechten Zeiten oder gegenüber besonderen Unglücksfällen widerstandsfähiger zu machen, die prozentuale Rente des Aktienkapitals zu steigern und nach Möglichkeit auch für schlechte Zeiten noch eine kleine Rente der Aktiengesellschaft sicherzustellen, endlich bisweilen auch darin, für zu hoch bewertete oder unsichere Aktivposten einen Ausgleich zu gewähren. Diese Funktionen des Reservefonds können aber nicht dazu führen, ihm einen selbständigen, vom Aktienkapital unabhängigen Vermögenswert beizumessen, sondern der Reservefonds kann nur in unmittelbarem Zusammenhange mit dem Aktienkapital als ein den Wert desselben sichernder und erhöhender oder eine anderenfalls vorhandene Unterwertigkeit des Aktienkapitals ausgleichender Faktor bewertet werden, und sein Vorhandensein kommt unter allen Umständen zum Ausdruck und muß zum Ausdruck kommen durch den Wertzuwachs, welchen das Aktienkapital selbst durch den Reservefonds erfährt und der sowohl im Kurswert der Aktie, wie im gemeinen Wert der Aktie, wie auch im Ertragswert der Aktie gleichermaßen zum Ausdruck kommen muß und tatsächlich kommt.

Nun habe ich vorhin schon erwähnt, daß trotz alledem im Königreich Sachsen eine Vermögenssteuer bzw. Ergänzungssteuer von dem Vermögen der Aktiengesellschaften und Kommanditgesellschaften auf Aktien schon seit dem Jahre 1902 — in Kraft traten die betreffenden Bestimmungen am 1. Januar 1904 — abzüglich des Nennwertes des Aktienkapitals erhoben wird, und diesen in Sachsen geltenden Bestimmungen sind die Bestimmungen, die jetzt durch die Wehrvorlage auf das ganze Deutsche Reich ausgedehnt werden sollen, genau nachgebildet. Einer der Herren Regierungsvertreter hat sich auch bei der ersten Lesung der Wehrvorlage in der Budgetkommission auf diese Bestimmungen des sächsischen Ergänzungssteuergesetzes vom 2. Juli 1902 berufen. Die betreffenden Bestimmungen waren aber in der damaligen sächsischen Regierungsvorlage noch nicht enthalten, vielmehr wandte sich die Begründung der sächsischen Regierungsvorlage im Jahre 1902 mit Entschiedenheit gegen eine solche Besteuerung mit folgenden zutreffenden Ausführungen:

„Der Vermögenssteuer sollen nur die physischen Personen unterworfen werden. In der allgemeinen Befreiung der juristischen Personen, sowohl des öffentlichen Rechts, als auch des Privatrechts (Aktiengesellschaften, eingetragene Genossenschaften, Berggewerkschaften, eingetragene Vereine, Stiftungen usw.) stimmt der Entwurf mit den Gesetzen Preußens, Braunschweigs und Hessens überein. Einen abweichenden Standpunkt einzunehmen, erscheint schon im Interesse der Rechtsgleichheit nicht empfehlenswert. Aber auch innere Gründe sprechen gegen die Heranziehung der juristischen Personen zur Vermögenssteuer. Die Befreiung der Aktiengesellschaften usw. rechtfertigt sich in der Erwägung, daß ihre Heranziehung schon bei der Einkommensteuer im Ergebnis zu einer Doppelbesteuerung führt und es unbillig erscheinen würde, diese Doppelbesteuerung auf die Vermögenssteuer auszudehnen. Bedenkt man endlich, daß die nach § 6, Ziffer 9 und 10 des Einkommensteuergesetzes von der Einkommensteuer befreiten juristischen Personen (Berufsgenossenschaften, Kranken- und Pensionskassen, ausschließlich kirchlichen und gemeinnützigen Zwecken dienende Vereine und Stiftungen) unter allen Umständen auch von der Vermögenssteuer frei bleiben müssen, so empfieht es sich, im Anschluß an die im Eingang erwähnten Gesetzgebungen alle juristischen Personen ohne Unterschied mit der Vermögenssteuer zu verschonen."

Trotz dieses damaligen Standpunktes der sächsischen Regierung beschloß die Deputation der Zweiten Kammer, die Aktiengesellschaften und Kommanditgesellschaften auf Aktien zur Vermögenssteuer heranzuziehen, obwohl die Regierung nochmals nachdrücklich die Gründe betont hatte, die gegen diese Maßnahme sprachen.

Zu der ebenfalls jetzt für den Wehrbeitrag vorbildlich gewordenen Bestimmung des sächsischen Ergänzungssteuergesetzes, der zufolge das eingezahlte Aktienkapital bei der Besteuerung der Aktiengesellschaften abzuziehen ist, sagt der Geheime Finanzrat Just vom Königlich sächsischen Finanzministerium in seinem Kommentar zum sächsischen Ergänzungssteuergesetz folgendes:

„Die Vorschrift ist verfehlt. Das Aktienkapitalkonto ist zwar ein handelsrechtliches Passivum dieser Gesellschaften, aber keine Schuld derselben und daher an sich ebensowenig eine steuerrechtliche Abzugspost wie der Reservefonds oder wie das Kapitalkonto des Einzelkaufmanns. Der Abzug des Aktienkapitals ist nur deshalb zugelassen worden, weil die Aktien und Interimsscheine in der Hand der Aktionäre ergänzungssteuerpflichtig sind. Dies trifft insoweit zu, als diese der unbeschränkten subjektiven Steuerpflicht unterliegen. Auch hätte man dann den Abzug der Reservefonds nicht zulassen müssen, weil deren Höhe in dem Kurswert der Aktien zum Ausdruck zu kommen pflegt."

Just bekennt sich also hier zu der für jeden praktischen Kaufmann ganz selbstverständlichen Ansicht, daß ein steuerrechtlicher Unterschied zwischen Aktienkapital und Reservefonds nicht gemacht werden kann, sondern beides zusammen entweder nur objektiv, das heißt bei der Gesellschaft, oder subjektiv, das heißt beim Aktionär, besteuert werden darf, und daß bei subjektiver Besteuerung der Reservefonds durch den Kurswert oder sonstigen inneren Wert, zu welchem die Aktie besteuert wird, ebenfalls mit herangezogen wird. Wenn er im übrigen hervorhebt, daß das gesamte Kapital der objektiven Steuerpflicht unterliegen müsse, insoweit es nicht der subjektiven Steuerpflicht unterliege, so hat die Betonung dieses Umstandes bei dem Steuergesetz eines Bundesstaats wie Sachsen, dessen Aktien naturgemäß sehr viel in preußischen, bayerischen und sonstigen außersächsischen deutschen Händen sind, eine viel größere Berechtigung als bei einer Reichssteuer, bei welcher als der subjektiven Steuerpflicht entzogen nur der Besitz des außerdeutschen Auslandes an deutschen Aktien in Betracht kommen kann.

Es wäre also wohl richtiger gewesen, wenn die Herren Vertreter der Reichsregierung sich auf den damaligen Standpunkt der sächsischen Regierung und der dem sächsischen Ministerium angehörenden Kommentatoren gestellt, nicht aber für das Reich Bestimmungen empfohlen hätten, die gegen den Willen der sächsischen Regierung durch die sächsische Zweite Kammer — die übrigens heut, soweit mir bekannt ist, infolge des abgeänderten Wahlrechts eine wesentlich andere Zusammensetzung hat als damals — in das sächsische Gesetz hineingekommen sind und deren Unzweckmäßigkeit vermutlich in Sachsen nur dadurch erträglich geworden ist, daß es sich bei der sächsischen Ergänzungssteuer um eine im Vergleich zum Wehrbeitrage ganz minimale Abgabe handelt.

Meine Herren, viele Zweifel sind ferner darüber entstanden und öffentlich diskutiert worden, ob nach dem § 12 der Wehrvorlage nur offene Reservefonds oder auch sogenannte stille Reserven zu der Sondersteuer herangezogen werden sollen. In der Sitzung der Budgetkommission vom 4. Juni hat ein Regierungsvertreter diese Frage klargestellt durch die von ihm abgegebene Erklärung: „Die Regierung denke nicht daran, die stillen Reserven mit zu versteuern; wenn dies aus dem Entwurf nicht ganz klar hervorgeht, so könne die Fassung noch geändert werden." Ich muß gestehen, daß diese Aufklärung mich nur noch mehr gegen den ganzen Gedanken des von der Budgetkommision in erster Lesung leider angenommenen § 12 der Regierungsvorlage einnimmt. Denn der Bilanzwahrheit, die jeder Kaufmann nach Möglichkeit erstreben soll, entspricht es mehr, mit offenen Reserven zu arbeiten als mit stillen. Nun aber sollen die stillen Reserven gegenüber den offenen prämiiert werden. Auch arbeiten in der Regel die weniger leistungsfähigen und weniger bekannten Gesellschaften, denen viel daran gelegen sein muß, durch ihre Bilanzen einen guten Eindruck in der Oeffentlichkeit zu machen, mit offenen Reserven, während gerade die erstklassigen Gesellschaften, bei denen schon der bloße Name als Empfehlung genügt und die so viel verdienen, daß sie die Gewinne vor den Aktionären und vor dem Publikum verstecken müssen, sich beträchtliche stille Reserven zu schaffen pflegen. Die auf die offenen Reserven beschränkte Steuerpflicht bedeutet also auch eine Bevorzugung der starken vor den schwachen Schultern.

In hohem Maße drückend und ungerecht erscheinen aber auch die dem Gesetzentwurfe zugrunde liegenden Prinzipien der Abschätzung des Wertes des in Handel, Gewerbe und Industrie angelegten Vermögens im allgemeinen. Ich würde dringend empfehlen, für die Bewertung des in Handel, Gewerbe und Industrie investierten Kapitals, einschließlich der eines Börsenkurses entbehrenden Aktien und Anteile, den Begriff des „gemeinen Wertes" aus dem Gesetze auszuscheiden und den Ertragswert an seine Stelle zu setzen, und zwar aus folgenden Gründen:

Einen mit einiger Sicherheit feststellbaren gemeinen Wert haben überhaupt nur solche Objekte, welche oft und regelmäßig aus einer Hand in die andere übergehen. Dagegen ist eine Fabrik oder ein Handelsgeschäft als Ganzes heutzutage sehr oft völlig unverkäuflich, im allgemeinen aber jedenfalls viel schwerer und seltener verkäuflich als der an allererster Stelle als „immobiler Besitz" geltende land- und forstwirtschaftliche Grund und Boden. Insoweit als ein industrielles Unternehmen oder ein Handelsgeschäft im ganzen überhaupt verkäuflich ist, bestimmt sich der zu erzielende Verkaufspreis so gut wie ausschließlich nach dem nachweisbaren Ertrage des Unternehmens. Der gemeine Wert der einzelnen Vermögensobjekte aber, die das in einem Handelsgeschäft oder in einem industriellen Unternehmen arbeitende Gesamtvermögen bilden, ist, selbst insoweit er für sich allein feststellbar ist, ebenfalls kein gerechter Besteuerungsmaßstab für das Gesamtvermögen des Geschäftsbetriebes, denn die Einzelobjekte lassen sich meistens nicht realisieren, ohne daß der Geschäftsbetrieb des ganzen Unternehmens eingestellt werden müßte. — Besonders die kleineren privaten geschäftlichen oder gewerblichen Unternehmungen sind übrigens meistens mit der persönlichen Tätigkeit, den individuellen Kenntnissen und den individuellen Eigenschaften des Besitzers so eng verbunden, daß sie unabhängig hiervon gar nicht bewertet werden können. In allen diesen Fällen bleibt der „gemeine Wert" ein Gegenstand reinster Willkür. Von individuellen geschäftlichen Verhältnissen und wirtschaftlichen, sowie technischen Verschiebungen aller Art hängt es oft ab, ob ein industrielles Etablissement überhaupt noch einen Betriebswert oder nur noch einen Alteisenwert hat. Aus diesen Verhältnissen ergeben sich z. B. bei Umwandlungen bestehender industrieller Etablissements in Aktiengesellschaften oder in Gesellschaften mit beschränkter Haftung, zum Teil auch bei der Einschätzung zur preußischen Ergänzungssteuer oft schwere, zu langwierigen Verwaltungsstreitverfahren oder Beschwerdeverfahren führende Differenzen mit den kommunalen Behörden, den staatlichen Stempelbehörden oder den Staatseinkommensteuer-Veranlagungskommissionen bei der Festsetzung der kommunalen Umsatzsteuern und der staatlichen Einbringungsstempel, da diese Behörden immer geneigt sind, sich ihr Urteil über den gemeinen Wert auf Grund der für diesen ganz unmaßgeblichen Feuerversicherungstaxwerte oder aber auf Grund des Verkaufspreises, den irgendeinmal ein ganz anders geartetes, unter ganz anderen Produktions- und Absatzverhältnissen arbeitendes, eventuell in einer ganz anderen Gegend Deutschlands belegenes Etablissement einer ähnlichen Industriebranche bei einem Verkauf erzielt hat, zu bilden und an diesem Urteil mit größter Hartnäckigkeit festzuhalten. Ich selbst könnte auf Grund eigener persönlicher Erfahrungen sehr viel gerade hierüber erzählen.

Der Begriff des „gemeinen Wertes" ist im Bürgerlichen Gesetzbuch nicht definiert; er stammt aus dem Preußischen Landrecht. In der Rechtswissenschaft gilt als „gemeiner Wert" anerkanntermaßen „der Wert, welchen ein Gegenstand mit Rücksicht auf Zeit und Ort für einen jeden hat". Mehr und mehr hat man daher den Begriff „gemeiner Wert" identifiziert mit dem Begriff „Verkaufswert", und das tut auch die Wehrbeitragsvorlage, indem sie in ihrem Text den Worten „gemeiner Wert" einfach das Wort „Verkaufswert" in Klammern beifügt. In einer Entscheidung des preußischen Oberverwaltungsgerichts vom 23. Dezember 1902, Preußisches Verwaltungsblatt Band XXIV Seite 466 heißt es: „Der gemeine Wert deckt sich mit dem Verkaufswerte. Miets- oder Nutzungswert sind begrifflich hiervon verschieden; sie müssen für die Ermittelung des „gemeinen" oder „Verkaufswertes" außer Betracht bleiben." In einer späteren Oberverwaltungsgerichtsentscheidung aus dem Jahre 1910 heißt es:

„Der gemeine Wert eines Grundstückes bestimmt sich sowohl im Anwendungsbereiche des Ergänzungssteuergesetzes als auch in dem des Kommunalabgabengesetzes regelmäßig nicht nach dem kapitalisierten tatsächlichen Ertrage, sondern nach dem Verkaufswerte, den jeder Besitzer im gewöhnlichen Verkehr erzielen kann."

Meine Herren, auf Grund dieser Definition müßte man eigentlich, wenn es sich darum handelt, den gemeinen Wert eines Fabriketablissements festzustellen, in sehr vielen Fällen zu der Entscheidung kommen, daß der „gemeine Wert" des Etablissements gleich null sei. Denn weitaus die meisten industriellen Etablissemens haben „für jeden Besitzer" und für den „gewöhnlichen Verkehr" überhaupt keinen Wert, vielmehr bedeuten die meisten industriellen Etablissements für die meisten Käufer ein Danaergeschenk, und es kommt für weitaus die meisten Fabriken und Handelsgeschäfte immer nur ein recht kleiner Kreis von Kaufreflektanten in Betracht, die dadurch, daß sie die nötigen speziellen Fachkenntnisse in der betreffenden Branche besitzen, eine Rente aus dem betreffenden Unternehmen herauszuwirtschaften erhoffen können und deshalb unter Umständen als Kaufreflektanten auftreten, wenn nicht das Unternehmen so eigenartig und individuell zugeschnitten oder so unrentabel ist, daß überhaupt ein Käufer für dasselbe nicht existiert, oder wenn nicht das Unternehmen so umfangreich ist, daß aus diesem Grunde kein eigentlicher Verkauf, sondern allerhöchstens die Umwandlung in eine Aktiengesellschaft in Betracht kommen kann. In allen diesen Fällen, wo eine tatsächliche Verkaufsmöglichkeit überhaupt nicht vorhanden ist, müßte nach der vorhin von mir zitierten oberverwaltungsgerichtlichen Begriffsbestimmung des „gemeinen Wertes" dieser Wert, wollte man der Begriffsbestimmung wörtlich folgen, eigentlich mit Null angenommen werden; tatsächlich werden aber gerade in diesen Fällen erfahrungsgemäß von unseren Behörden die allerhöchsten Phantasiewerte als „gemeine Werte" angenommen.

Wie wenig im übrigen selbst die Bilanzwerte zuverlässige Unterlagen für die Feststellung der „gemeinen Werte" bilden, das wollen Sie aus den sehr zutreffenden Ausführungen des Geheimen Regierungsrats von Wilmowski in der „Deutschen Juristenzeitung" (Nr. 9, Seite 552ff.) ersehen, der zu dieser Frage in folgender Weise Stellung nimmt. Er sagt: „Man wird geneigt sein, zu glauben, daß gerade diese Wertfeststellung deshalb auf keine Schwierigkeiten stoßen könne, weil der Kaufmann Vermögensbilanzen aufstellt und der Gesetzentwurf die Deklaration des Vermögens vorschreibt. Allein es kann nicht entschieden genug betont werden, daß sich aus der kaufmännischen Bilanz der gemeine Wert des Geschäftsvermögens eben nicht ergibt. Die Vermögensbilanz existiert nur in der Theorie. In Wirklichkeit stellt der Kaufmann in seinen bilanzmäßigen Berechnungen nicht den objektiven Wert seines Geschäftsvermögens fest, sondern er ermittelt damit den Erfolg seiner gewerblichen Tätigkeit, den Gewinn oder Verlust seines Betriebes. Die kaufmännische Bilanz ist mit anderen Worten keine Vermögens-, sondern eine Betriebsbilanz. Sie verzeichnet insbesondere unter den Aktiven nicht den Verkaufswert der Betriebsobjekte, Warenbestände usw., sondern die Anschaffungs-(Herstellungs-)preise unter Absetzung der erforderlichen Abschreibungen."

Meine Herren, Sie wissen, daß Erwägungen ähnlicher Art, die auch für die Landwirtschaft zutreffen, dazu geführt haben, daß im Jahre 1909 in das Preußische Ergänzungssteuergesetz eine neue Bestimmung aufgenommen worden ist, derzufolge seit diesem Jahre für land- und forstwirtschaftlich genutzten Grund und Boden nicht mehr der gemeine Wert, sondern der Ertragswert die Grundlage der Vermögensbesteuerung bildet. Von den Kreisen des Handels und der Industrie ist diese für die Landwirtschaft geschaffene Ausnahmebestimmung als eine „Bevorzugung" der Landwirtschaft fortgesetzt aufs heftigste getadelt worden, und Herr Senatspräsident beim Oberverwaltungsgericht Strutz hat kürzlich in einer Veröffentlichung diese für die Landwirtschaft bestehende und mit Bezug auf den land- und forstwirtschaftlichen Grund und Boden auch für den Wehrbeitrag im Regierungsentwurf in Aussicht genommene Ausnahmebestimmung als eine „hahnebüchene Ungerechtigkeit" bezeichnet. Demgegenüber hat der bekannte Abgeordnete Freiherr von Gamp-Massaunen in der 137. Sitzung des Reichstages bei der ersten Lesung der Wehrbeitragsvorlage folgendes gesagt:

„Es hätte doch dem Herrn Präsidenten Strutz bekannt sein müssen, weshalb bei den landwirtschaftlich genutzten Gütern die Feststellung eines Verkaufs- und Verkehrswertes außerordentliche Schwierigkeiten hat, ja fast unmöglich ist. Ich weise zunächst darauf hin, daß in den meisten Gegenden Verkäufe von landwirtschaftlichen Gütern überhaupt nicht so häufig stattfinden, daß man von einem Verkehrswert sprechen und einen solchen feststellen kann. Ferner — und das ist die Hauptsache — gibt es im ganzen Deutschen Reiche nicht zwei landwirtschaftliche Grundstücke, die in ihrem inneren Werte völlig gleich sind, nicht zwei Grundstücke, von denen man sagen kann, sie sind in bezug auf Zahl und Güte des Inventars, in bezug auf die Bodenverhältnisse, die Entwässerungsverhältnisse, die Niederschlagsverhältnisse usw. völlig gleich. Der Kaufpreis eines Grundstückes, das in der letzten Zeit verkauft ist, kann also schon aus diesen Gründen für die Feststellung des Wertes eines anderen Grundstückes nicht in Frage kommen. Dazu kommt, daß bei jedem Kauf eine große Zahl von individuellen Gründen den Preis beeinflussen."

Ich kann das, was Herr Abgeordneter Freiherr von Gamp hier mit Bezug auf landwirtschaftliche Grundstücke gesagt hat, nur Wort für Wort unterschreiben, und ich stehe vielleicht auch diesen Verhältnissen nicht völlig fern, denn ich wohne auf einem mir gehörigen land- und forstwirtschaftlich bewirtschafteten Gute. Aber alles, was Herr Freiherr von Gamp hier gesagt hat, wird noch sehr viel richtiger und zutreffender, wenn Sie an Stelle des Wortes „landwirtschaftliches Grundstück" das Wort „Fabrik" setzen, und Sie können in diesem Falle sogar getrost das Wort „fast" weglassen, welches Herr Freiherr von Gamp einschränkend gebraucht hat, indem er sagte „die Feststellung eines Verkehrs- und Verkaufswertes eines Gutes sei fast unmöglich", Sie können vielmehr ohne jede Einschränkung hinzufügen: „Die Feststellung des Verkaufs- und Verkehrswertes einer Fabrik oder eines Handelsgeschäftes ist unmöglich", und wenn Herr Freiherr von Gamp gesagt hat: „In den meisten Gegenden finden Verkäufe von landwirtschaftlichen Gütern nicht so häufig statt, daß man von einem Verkehrswerte sprechen könnte, so können Sie, auf die Industrie angewandt, getrost sagen: „In keiner Gegend Deutschlands und in keinem Industriezweige finden Verkäufe von Fabriken so häufig statt, daß man von einem Verkehrs- oder Verkaufswerte derselben sprechen und einen solchen feststellen könnte." (Sehr richtig!)

Ich glaube daher, daß es für Handel und Industrie nicht der richtige Standpunkt ist, diese für die Landwirtschaft mit vollem Recht geschaffenen Ausnahmebestimmungen zu bekämpfen, sondern vielmehr, zumal nachdem durch die Kommissionsbeschlüsse erster Lesung der Ertrag auch für städtische Hausgrundstücke im allgemeinen zum Maßstabe für die Wertbestimmung gemacht worden ist, die Ausdehnung dieser Bestimmungen mutatis mutandis auf Handel und Industrie zu verlangen. Es kann nach meiner Ansicht auch für das in Handel, Gewerbe und Industrie arbeitende Kapital nur der Ertragswert, ebenso wie es für land- und forstwirtschaftlich bewirtschaftete Grundstücke vorgesehen ist, den Bewertungsmaßstab bilden, jedoch kann für Handel, Industrie und Gewerbe nur allerhöchstens der 16⅔ fache (nicht 25 fache oder 20 fache) Betrag des Durchschnittsertrages der der Einschätzung vorausgegangenen drei Jahre in Betracht kommen, da das in Handel und Industrie angelegte Kapital wegen des im Vergleich mit der Landwirtschaft ungleich größeren Risikos und wegen des stets möglichen Aufhörens der weiteren Existenzfähigkeit des Unternehmens allermindestens 6 pCt. Reinertrag bringen muß, um Anspruch auf eine Bewertung al pari machen zu können.

Der dreijährige Durchschnittsertrag unterliegt in Preußen bereits der Feststellung durch die Steuerbehörde, da er die Grundlage für die preußische Staatseinkommensteuer bildet. Der Unterschied, der zwischen unseren Vorschlägen und den für den landwirtschaftlichen Besitz nach dem Vorbilde des preußischen Ergänzungssteuergesetzes in Aussicht genommenen und von der Budgetkommission in erster Lesung mit einigen die Landwirtschaft noch günstiger stellenden Abänderungen angenommenen Bestimmungen darin liegt, daß für den letzteren der normalerweise erzielbare Ertrag zugrunde gelegt werden soll, während für das Handels- und Industriekapital nach Lage der Dinge nur der im Durchschnitt tatsächlich erzielte Ertrag festgestellt und zugrunde gelegt werden könnte, weil für den erzielbaren Ertrag Feststellungsnormen nicht existieren, — dieser Unterschied würde praktisch nicht ins Gewicht fallen. Denn die Fassung, welche die für das landwirtschaftliche Vermögen in Preußen geltenden Bestimmungen erhalten haben, dürfte nur deshalb gewählt worden sein, weil einerseits der Landwirtschaft die Pflicht der Buchführung und der kaufmännischen Bilanzen nicht obliegt, der tatsächliche Ertrag also nicht allgemein mit der gleichen Genauigkeit wie bei Handel und Industrie festgestellt wird, andererseits land- und forstwirtschaftlicher Grund und Boden zu einem — wenn auch nur kleinen — Teile Luxusbesitz ist, bei dessen Bewirtschaftung andere Grundsätze als derjenige der Erzielung der höchstmöglichen Rente noch mitspielen; in industriellen und Handelsbetrieben dagegen gibt es keinen anderen leitenden Grundsatz als denjenigen der Erzielung der höchstmöglichen Rente, und zweifellos ist im allgemeinen der mit dem Geschäft verwachsene Besitzer oder gegenwärtige Leiter des Geschäftes auch der beste Leiter desselben, so daß hier der erzielte Betrag und der „erzielbare Ertrag" im allgemeinen als identisch betrachtet werden können.

Der Unterschied, der zwischen diesen beiden Fassungen — der für die Landwirtschaft gewählten Fassung: „Der Ertrag, den das Grundstück bei ordnungsgemäßer Bewirtschaftung nachhaltig gewähren kann" und der für Handel und Industrie allein in Betracht kommenden Fassung: „der Ertrag, den das Vermögen tatsächlich gewährt", der Unterschied, der zwischen diesen beiden Fassungen besteht, wird noch geringer, wenn man die „Ausführungsbestimmungen für die Ermittelung der Ertragswerte der dauernd land- oder forstwirtschaftlichen Zwecken dienenden Grundstücke gemäß Artikel II des Gesetzes vom 26. Mai 1909, Verfügung des Herrn Finanzministers an die Einkommensteuer-Veranlagungsbehörden vom 15. Mai 1910, J.-Nr. II 6774" betrachtet, in welchen ausgedrückt ist, daß bei selbstbewirtschafteten Besitzungen in erster Linie der ziffernmäßig bekannte, d. h. der durch die Wirtschaftsbuchführung ermittelte Reinertrag zu gelten hat. Es heißt auf Seite 7 dieser Ministerialverfügung wörtlich: „Ist für eine dauernd land- und forstwirtschaftlich genützte Besitzung der Reinertrag im Sinne des § 11 Absatz 1 ziffernmäßig bekannt, dann gilt als Ertragswert unmittelbar das Fünfundzwanzigfache dieses Reinertrages". Nur für diejenigen Fälle, in welchen der Reinertrag nicht ziffernmäßig in einwandfreier Weise ermittelt ist, lassen die erwähnten Ausführungsbestimmungen subsidiär andere Merkmale für die Ermittelung des Reinertrages, insbesondere die Heranziehung gewisser Normalpachtpreise zu, bezüglich welcher jedoch unter Ziffer 4 der erwähnten Ministerialverfügung gesagt ist, daß dieselben den Wert des Grundstückes „nur in roher Annäherung finden lassen" und daß daher „jederzeit noch zu prüfen ist, ob und inwieweit die besonderen Umstände des einzelnen Falles eine Aenderung bedingen". Also, Sie sehen, daß ein „erzielbarer" Ertrag im Gegensatz zu dem „tatsächlich erzielten" Ertrage auch für die Landwirtschaft im allgemeinen nur in denjenigen, namentlich bei kleinen Wirtschaften allerdings die Regel bildenden und auch bei großen Wirtschaften vorkommenden Fällen in Betracht kommt, wo eine kaufmännische Buchführung, die ja für landwirtschaftliche Betriebe nicht gesetzlich vorgeschrieben ist, nicht vorliegt. Bei Handel und Industrie scheiden diese Fälle, weil jeder Kaufmann und Industrielle gesetzlich gezwungen ist, durch eine kaufmännische Buchführung irgend welcher Art den Ertrag seines Unternehmens in einwandfreier Form ziffermäßig zu ermitteln, vollständig aus, mit einziger Ausnahme der sogenannten Minderkaufleute und reinen Handwerker, deren Geschäftsvermögen jedoch für den Wehrbeitrag im allgemeinen nicht in Betracht kommen dürfte; insoweit aber, wie etwa dennoch Minderkaufleute oder reine Handwerker zum Wehrbeitrage mit ihrem Vermögen herangezogen würden, so könnte ja subsidiär gesagt werden: „Wo kaufmännische Buchführung bzw. Feststellung des Geschäftsertrages durch eine solche Buchführung nicht erfolgt, geschieht die Heranziehung des Geschäftsvermögens nach dem gemeinen Werte, sonst jedoch zum Ertragswerte." Eine Bestimmung solcher Art auf dauernd wirkende Steuergesetze zu übertragen, würde nebenbei noch eine sehr erziehliche nützliche Wirkung haben, insofern als sie wahrscheinlich dazu dienen würde, auch diejenigen kleingewerblichen Kreise, die der gesetzlichen Pflicht der Buchführung noch nicht unterliegen, zu einer solchen zu veranlassen.

Eigentlich müßte allerdings, wenn man für das gesamte Handels- und Industriekapital den Ertragswert zugrunde legen will, bezüglich des Kapitalisierungsfaktors noch ein Unterschied gemacht werden zwischen denjenigen Unternehmungen — in erster Linie kommen hier die unpersönlichen Gesellschaften in Betracht —, an deren Leitung der Besitzer nicht selbst teilnimmt, deren Einkommen also durch das Einkommen eines mehr oder weniger hoch bezahlten Direktors verringert ist, und denjenigen Unternehmungen, die vom Besitzer selbst ohne persönliches Arbeitsentgelt geleitet werden. Für die letzteren Fälle müßte eigentlich der Kapitalisierungsfaktor 15 genügen. — Der Durchführung dieser Differenzierung würden sich aber, wie ich fürchte, praktische Schwierigkeiten entgegenstellen, und da im allgemeinen die Unternehmungen der ersteren Art sich mit den großen, die der letzteren Art mit den kleineren Unternehmungen decken dürften, so dürfte ein genügender Ausgleich dafür, daß bei den vom Besitzer selbst geleiteten Unternehmungen die kapitalisierte Arbeitskraft des letzteren mitversteuert wird, durch die Staffelung der Steuer, die ja in jedem Fall in das Gesetz hineinkommen wird, gegeben sein. Auch pflegt gerade der selbst für sein Geschäft arbeitende kleinere Unternehmer wohl zufrieden zu sein, wenn er sich sein Kapital, ohne Anrechnung seiner Arbeitskraft mit 6 pCt. verzinst.

Auf eine Bestimmung entsprechend der jetzt von der Budgetkommission zugunsten der Landwirtschaft angenommenen Bestimmung, daß die eigene Arbeitskraft des selbst das Unternehmen leitenden Besitzers bei der Berechnung des Ertragswertes mit zu berücksichtigen ist, werden also Handel und Industrie verzichten können und müssen.

Es ist ja nicht zu leugnen, daß durch Zugrundelegung des Ertragswertes für Handel und Industrie nach meinen Vorschlägen der Wehrbeitrag einen Teil seines Charakters als Vermögenssteuer verlieren und, wenigstens dem Wesen nach, mehr zu einer Einkommensteuer werden würde, insofern als ein Handels- oder Industrieunternehmen, das drei Jahre lang gar nichts gebracht hat, unter Umständen gar keinen Beitrag bezahlen würde; aber ein Unternehmen solcher Art, das Jahre hindurch gar nichts bringt, ist doch eben ein notleidendes, die finanzielle Kompensation für die Schonung derartiger Unternehmungen würde durch den Mehrertrag bei den hochrentablen Unternehmungen reichlich gegeben sein, und schließlich ist doch gerade die Budgetkommission des Reichstages auch in jeder anderen Beziehung eifrig dabei am Werke, den Wehrbeitrag aus einer Vermögenssteuer in eine Kombination von Vermögens- und Einkommensteuer umzumodeln.

Meine Herren! Nun ist von mehreren bedeutenden Vertretungskörperschaften von Handel und Industrie (meines Wissens übereinstimmend vom Bunde der Industriellen, vom Ausschuß des Deutschen Handelstages und vom Hansabunde) gefordert worden, es sollen bei den Handels- und Industrievermögen grundsätzlich die Bilanzwerte bzw. Buchwerte der Veranlagung zugrunde gelegt werden. — Ich glaube aber nicht, daß diese Forderung wirklich ernstlich aufrechterhalten und verfochten werden kann, da sie doch den Behörden etwas gar zu viel blindes Vertrauen zur persönlichen Bilanzwahrheit jedes beliebigen Unternehmers bzw. Unternehmens zumutet. Wie der Geheime Regierungsrat von Wilmowski in der „Deutschen Juristenzeitung" über die Bilanzwerte und deren Verhältnis zu den gemeinen Werten, denen doch wenigstens nahezukommen, das Ziel der Steuertechnik sein muß, sich äußert, habe ich schon vorhin bei meinen Ausführungen über den gemeinen Wert zitiert. Lassen Sie mich als einen weiteren Finanzfachmann noch den Geheimen Finanzrat im Sächsischen Finanzministerium Just zitieren, der in seinem schon vorhin erwähnten Kommentar zum sächsischen Ergänzungssteuergesetze in der Anmerkung 4d zum § 16 des Gesetzes sagt: „Wie in der Denkschrift vom Jahre 1901 bemerkt wird, leidet die Zuverlässigkeit der kaufmännischen Geschäftsabschlüsse unter der weitverbreiteten Uebung, fiktive Buchwerte einzustellen und übermäßige Abschreibungen zu bewirken. Zahlreiche blühende Fabriken haben ihre Maschinen mit 0 zu Buche stehen, obwohl diese einen bedeutenden Wert repräsentieren. Derartige unzutreffende Bewertungen müssen zum Zwecke der Besteuerung richtiggestellt werden." Nun, wir praktischen Industriellen wissen, daß die Zuverlässigkeit der kaufmännischen Geschäftsabschlüsse in ganz ebensoviel Fällen durch die Uebung, zu hohe Buchwerte einzustellen und zu geringe Abschreibungen zu bewirken, leidet. In jedem Falle teilt der Buchwert mit dem Ertragswert die Eigenschaft, ein subjektiver, der Feststellung durch die Steuerbehörden sich entziehender, nur aus den buchmäßigen Geschäftsabschlüssen der Zensiten sich ergebender Maßstab zu sein. Wenn es aber möglich ist, dieses subjektive Moment in das Gesetz hineinzubringen, so erscheint es mir viel richtiger und aussichtsvoller, solche Bemühungen auf die Einführung des Ertragswertes zu richten; denn ganz so subjektiv wie der Buchwert ist der Ertragswert bei weitem nicht, und insbesondere hat der Ertragswert vor dem Buchwerte den Vorteil, daß der Ertrag resp. der Ertragswert bei den gut rentierenden Unternehmungen am höchsten ist, bei Zugrundelegung des Ertragswertes also die leistungsfähigsten Schultern am meisten zu tragen haben würden, während umgekehrt die Buchwerte bei den unrentabelsten Unternehmungen — die nicht genügend abschreiben konnten — am höchsten zu sein pflegen, so daß bei Zugrundelegung der Buchwerte die schwächsten Schultern am meisten zu tragen haben würden. — Auch lehnt sich die Forderung, den Ertragswert gelten zu lassen, unmittelbar an die für die Landwirtschaft geltenden und durch die Kommissionsbeschlüsse erster Lesung auch auf anderen Grund- und Gebäudebesitz noch ausgedehnten Bestimmungen an, wogegen die Forderung, die Buchwerte zugrunde zu legen, sich absolut nicht verallgemeinern lassen würde, da für Landwirte, reine Handwerker, Hausbesitzer, sowie auch für Minderkaufleute die Verpflichtung zu kaufmännischer Buchführung mit bestimmten Buchwerten für Anlage- und Betriebskapital nicht besteht, während den Ertrag ihres Unternehmens in irgendeiner Form festzustellen, auch diese Unternehmer, in Preußen wenigstens schon der Einkommensteuer halber, gewöhnt sind.

Meine Herren! Wenn ich mich jetzt den Arbeiten der Budgetkommission des Reichstags zuwende, so lassen Sie mich zunächst einen dort gestellten Antrag des Zentrums erwähnen, der den von mir bisher eingehend behandelten Gesichtspunkten, sowohl was die Besteuerung der Aktiengesellschaften als auch was den Abschätzungsmaßstab des Handels- und Industrievermögens betrifft, in gewissem Umfange Rechnung trug und der den § 12 der Wehrvorlage folgendermaßen gestalten wollte:

„Abgabepflichtig sind: 1. Aktiengesellschaften, Kommanditgesellschaften auf Aktien, Kolonialgesellschaften, Gesellschaften mit beschränkter Haftung und Gewerkschaften, wenn sie ihren Sitz im Inland haben. Bei Berechnung des beitragspflichtigen Vermögens wird der Ertragswert zugrunde gelegt. Als Ertragswert gilt das $16^2/_3$fache der in den vorausgegangenen letzten drei Jahren jährlich im Durchschnitt auf das Gesellschaftskapital verteilten Gewinne. Bei Gesellschaften oder Gewerkschaften, die erst während des für die Berechnung des Ertragswertes maßgebenden Zeitraumes errichtet worden sind, wird die Dividende oder Ausbeute zugrunde gelegt, welche in der Zeit ihres Bestehens im Durchschnitt jährlich verteilt worden ist. Hat eine dieser Gesellschaften im Durchschnitt der letzten drei Jahre weniger als vier vom Hundert als Gewinn auf das Geschäftskapital verteilt, so gilt, wenn ihre Aktien, Anteile oder Kuxe einen Börsenkurs haben, der nach dem Durchschnittskurs des Jahres 1912 zu ermittelnde Gesamtbetrag aller Aktien, Anteile oder Kuxe als beitragspflichtiges Vermögen, wenn solche dagegen keinen Börsenkurs haben, der durchschnittliche Verkehrswert aller Aktien, Anteile oder Kuxe.

2. Gesellschaften oder Gewerkschaften, wenn sie im Inland keinen Sitz haben, mit ihrem inländischen Grund-, Betriebs- und Kapitalvermögen. — Der Wehrbeitrag kann aus dem gesetzlichen Reserve-

fonds entnommen werden. Unberührt bleiben die gesetzlichen Vorschriften über die Auffüllung der Reservefonds."

Die Aktien und Anteile in den Händen der Besitzer sollten dann völlig abgabenfrei werden, es sollte für alle diese Gesellschaften ausschließlich die objektive Steuerpflicht eingeführt werden mit völliger Beseitigung der subjektiven Steuerpflicht, und es sollte außerdem die von mir geforderte Zugrundelegung des Ertragswertes auf Grund des 16²/₃ fachen Ertrages wenigstens in der Beschränkung auf die unpersönlichen Gesellschaften — allerdings auch für diese nur insoweit, als sie mehr als 4 pCt. Dividende gegeben haben — zur Einführung kommen. Gegen den Antrag wurden bei der Beratung der Kommission so viele Bedenken laut, daß er — wie ich glaube, mit knapper Majorität — abgelehnt wurde. Die geäußerten Bedenken waren nach meiner Meinung nur teilweise und nur gegenüber abänderungsfähigen Einzelheiten des Entwurfes, nicht jedoch gegenüber dem Grundgedanken desselben gerechtfertigt, der mir insbesondere dadurch, daß er wenigstens die Doppelbesteuerung der Aktiengesellschaften vermeidet und alle unpersönlichen handelsrechtlichen und bergrechtlichen Gesellschaften gleich behandelt, durchaus sympathisch ist und der sich nach meiner Ansicht beim Wehrbeitrage ebenso würde durchführen lassen, wie er für die Besteuerung der Gesellschaften mit beschränkter Haftung bei der preußischen Einkommensteuer seit dem Jahre 1907 eingeführt worden ist. Er hat auch den Vorteil, daß er eine Besteuerung der ausländischen Aktionäre und Anteilsbesitzer, die eigentlich kaum gerechtfertigt ist, die doch aber von der Regierung in der Begründung des Gesetzentwurfes gewünscht wird, in sich schließt, und daß er die stillen Reserven ebenso wie die offenen berücksichtigt. Eingewandt wurde von einem Regierungsvertreter: „Der Maßstab der dreijährigen Dividende sei nicht zulässig, da neben dem Dividendengewinn auch weitere Gewinne vorhanden sein könnten." Das ist in gewissem Umfange richtig, es hätte sich aber sehr leicht die Abänderung treffen lassen, daß an die Stelle des Kapitalwertes der Dividenden der Kapitalswert des Reinertrages, also einschließlich der Reservestellungen, die ja z. B. bei der Heranziehung der Gesellschaften mit beschränkter Haftung zur preußischen Einkommensteuer ebenfalls mit herangezogen werden, gesetzt worden wäre. Sodann sagte der Herr Regierungsvertreter: „Der Antrag des Zentrums vermeide nicht vollständig die Doppelbesteuerung, wenn die Gesellschaften Anteile anderer Gesellschaften besitzen." Nun, selbstverständlich müßte, wenn der Antrag Gesetz geworden wäre, die Steuerbefreiung der Aktien- bzw. Anteilsbesitzer auch auf Gesellschaften, die Aktien bzw. Anteile anderer Gesellschaften besitzen, ausgedehnt werden, so daß auch hier die Doppelbesteuerung vermieden worden wäre, und wenn die Fassung des Antrags hierüber Zweifel ließ, so hätte eben das Gesetz sich hierüber mit voller Klarheit ausdrücken müssen. — Es wurde ferner eingewandt, die Kuxe der Gewerkschaften hätten oft überhaupt keinen bestimmten Kapitalswert, sie repräsentierten oft nur einen bestimmten Anteil an der Ausbeute. Das ist richtig, aber gerade darum läßt sich eben der aktuelle Ertragswert solcher Kuxe sehr leicht berechnen, viel leichter als der gemeine Wert, durch einfache Multiplikation der Ausbeute mit $16^2/_3$. Es wurde ferner eingewandt, man solle lieber den Kurswert zugrunde legen als den Ertragswert. Ja, meine Herren, wo ein Kurswert vorhanden ist, d. h. bei den an einer Börse amtlich notierten Aktien, da brauchen wir allerdings den Ertragswert nicht, das ist auch meine Meinung; denn wo ein so präziser Wertmesser vorhanden ist, wie die amtliche Börsennotiz, da erscheint es auch mir das richtigste, sich streng an diesen Wertmesser zu halten, und ich würde den Zentrumsantrag dahin abgeändert haben, daß der Wert der Aktien mit amtlicher Börsennotiz zum Börsenkurse zu berechnen ist. Alle meine Ausführungen betreffend Ertragswert erstrecken sich nur darauf, den „gemeinen Wert“ da, wo die Regierungsvorlage diesen heranzieht, durch den Ertragswert zu ersetzen; für Aktien mit amtlicher Börsennotiz dagegen mag es ruhig, wie in der Regierungsvorlage vorgesehen war und auch die Kommission in erster Lesung schließlich beschlossen hat, beim Kurswerte bleiben.

Völlig unhaltbar war nach meiner Ansicht die Bestimmung des Zentrumsantrages, daß nur bei einer verteilten Durchschnittsdividende von 4 pCt. der Verkehrswert bzw. gemeine Wert zugrunde gelegt werden sollte. Denn erstens ist 4 pCt. ein ganz relativer Begriff, der Dividendenprozentsatz ist nur eine relative Quote des Grundkapitals, das hoch oder niedrig bewertet sein kann, zweitens aber würden nach dieser Bestimmung die ertraglosesten, also zahlungsunfähigsten Unternehmungen am allerschärfsten behandelt worden sein. Ein Unternehmen, das 4 pCt. im Durchschnitt gebracht hat, hätte sein Grundkapital nur mit $4 \times 16^2/_3 = 66^2/_3$ pCt. seines Nennwertes zu versteuern brauchen, ein Unternehmen dagegen, das nur $3^3/_4$ pCt. oder noch weniger oder gar nichts gebracht hat, wäre dagegen zum gemeinen Wert, also nach der Praxis der Steuerbehörden ohne Rücksicht auf den geringen Ertrag unter Umständen zum vollen Nennwerte oder noch weit über diesen hinaus zu besteuern gewesen. — Auf private offene Handelsgesellschaften oder Einzelunternehmungen würde diese Grenze für die Anwendung zweier ganz verschiedener Besteuerungsmaßstäbe, die der Zentrumsantrag ja allerdings nur bei unpersönlichen Gesellschaften anwenden wollte, überhaupt nicht anwendbar sein, da hier eine prozentuale Ermittelung des Ertrages meist überhaupt nicht stattfindet und meist auch gar nicht ohne weiteres berechnet werden kann, sondern nur eine absolute ziffernmäßige Ertragsfeststellung erfolgt. Also bezüglich des Bewertungsmaßstabes dürfte es das richtigste bleiben:

Für börsenmäßig notierte Aktien Kurswert, für alle übrigen Aktien und Anteile sowie für alles private Handels- und Industriekapital durchweg Ertragswert; oder aber, falls letzteres durchaus nicht gewünscht wird, und die Eventualität, daß einmal irgendein notleidendes gewinnloses Unternehmen ganz beitragsfrei ausgeht, unter allen Umständen vermieden werden soll, empfehle ich, einen Antrag, den die Fortschrittliche Volkspartei in der Budgetkommission bezüglich der Aktien und Anteile von Gesellschaften gestellt hatte und der in dieser Beschränkung also nur für Aktien und Anteile von unpersönlichen Gesellschaften von der Budgetkommission in erster Lesung angenommen worden ist, zu verallgemeinern und für die Vermögens-Abschätzung alles Handels- und Industrie-Kapitals in Anlehnung an diesen Antrag folgende Bestimmung zu treffen:

„Aktien mit Börsenkurs werden zum Börsenkurse herangezogen. Aktien und Anteile von Gesellschaften ohne Börsenkurse und Kuxe von Gewerkschaften sowie alles sonstige Handels- und Industrie-Kapital werden zum allgemeinen Werte (Verkaufswerte) herangezogen. Sofern ein solcher nicht zu ermitteln ist, gilt als Wert das 16 $^2/_3$ fache des Durchschnittes des Ertrages der letzten drei Jahre, bei kürzerem Bestehen des Unternehmens das 16 $^2/_3$ fache des Durchschnittes des Ertrages während der Jahre des Bestehens. Ist ein Ertrag nicht vorhanden gewesen oder die Ausschüttung desselben durch den Gesellschaftsvertrag in ihrer Höhe beschränkt, so kann die Steuerbehörde den Wert durch die zuständige Handelsvertretung abschätzen lassen."

Nach diesem Vorschlage würde also wenigstens subsidiär der Ertragswert an die Seite des gemeinen Wertes treten und in gewissem Umfange eine Berücksichtigung geringer Erträge gegenüber phantastischen Wertschätzungen seitens der Behörde gesichert sein. — Es muß aber weiterhin unbedingt noch folgendes im Gesetzentwurf abgeändert werden:

1. Der § 19 des Gesetzentwurfes muß unbedingt dahin abgeändert werden, daß als Wert der Aktien oder Gesellschaftsanteile ohne Börsenkurs nicht, wie es in der Regierungsvorlage heißt, „derjenige Teil des Gesellschaftsvermögens, welcher dem Bruchteil entspricht, den die Aktie oder der Gesellschaftsanteil vom Gesamtaktien- oder Stamm-

kapital bildet", sondern vielmehr der Wert der Aktien bzw. Anteile als solcher gilt. Denn ein Vermögensanspruch besteht für den Besitzer einer Aktie oder eines Anteils einer unpersönlichen Gesellschaft nur an der Aktie bzw. dem Anteil als solchem, während die einzelnen Vermögensobjekte der Gesellschaft seiner Verfügung vollständig entzogen sind. Der Wert der Aktie oder des Anteils geht aber durchaus nicht immer mit dem Werte des Geschäftsvermögens konform, da er durch ganz andere Faktoren beeinflußt wird als der Wert dieses, auch kommt der völlig verschiedene Wert, der den verschiedenen Klassen von Aktien zukommt, je nachdem ob es sich um Vorzugsaktien, Stammaktien usw. handelt, sowie die auch bei Gesellschaften mit beschränkter Haftung gesetzlich zulässige und häufig vorkommende differenzielle Behandlung der einzelnen Anteile hinsichtlich ihrer Teilnahme am Gewinn, aus welcher bei gleichem Nennwert ein ganz verschiedener tatsächlicher Wert der einzelnen Anteile resultiert, bei dieser Art der Wertbestimmung überhaupt nicht zum Ausdruck.

Ich bemerke übrigens, daß der § 19 durch die Kommissionsbeschlüsse erster Lesung infolge der Annahme eines diesen Gesichtspunkten Rechnung tragenden Antrages im Sinne dieser Wünsche umgestaltet worden ist, so daß bezüglich dieses Paragraphen nur zu wünschen ist, daß das Gesetz in der Fassung dieser Kommissionsbeschlüsse und nicht in der Fassung der Regierungsvorlage verabschiedet wird.

2. Der § 16 des Gesetzentwurfes muß dahin abgeändert bzw. ergänzt werden, daß für Handel- und Industrievermögen nicht der Wert der einzelnen Bestandteile, sondern nur der Wert des Gesamtvermögens bzw. der Wert des Gesamtunternehmens zugrunde zu legen ist. Denn ein hoher Wert eines Einzelobjektes kommt für den Kaufmann oder Industriellen gar nicht in Betracht, er kann das betreffende Einzelobjekt nicht realisieren, so lange er sein Geschäft betreibt, eine Liquidation dieses letzteren aber ist keine Steuerbehörde ihm zuzumuten berechtigt. Ein hochwertiges Baugrundstück in einer Stadt kann als solches nicht verwertet werden, so lange ein Fabrikbetrieb darin ist, der nicht wegverlegt werden kann; für eine Wasserkraft, für welche vielleicht eine moderne Elektrizitätszentrale die höchsten Preise bezahlen würde, können die hieraus sich ergebenden Verkaufspreise nicht in Betracht kommen, so lange diese Wasserkraft die Betriebskraft einer unlukrativen alten Weberei darstellt.

Endlich mache ich darauf aufmerksam, daß, im Falle wirklich der gemeine Wert als Steuermaßstab bestehen bleiben sollte, für offene Handelsgesellschaften wenigstens das relative Verhältnis, in welchem der steuerpflichtige gemeine Wert des Unternehmens auf die einzelnen Sozien sich verteilt, auf Grund des Verhältnisses des Reingewinns, der jedem der Sozien im Durchschnitt der letzten drei Jahre zugeflossen ist, festgesetzt werden muß, denn das Verhältnis, in welchem die buchmäßigen Geschäftseinlagen der einzelnen Sozien zu einander stehen, ist kein gerechter Maßstab für deren Leistungsfähigkeit. Ich kenne offene Handelsgesellschaften, bei welchen die buchmäßigen Einlagen der einzelnen Sozien nur mit 3 pCt. — die Regel dürfte 4 pCt. sein — verzinst werden, während der ganze übrige Gewinn vertragsmäßig nach Köpfen zu gleichen Anteilen verteilt wird. Die persönliche Arbeitsleistung wird eben bei privaten Sozietäten höher, die rein kapitalistische Beteiligung niedriger bewertet als bei den unpersönlichen Gesellschaften. — Am treffendsten würden natürlich auch diese Verhältnisse erfaßt werden, wenn nicht nur für die Repartition der Gesamtsteuern, sondern auch für die Gesamtsteuer selbst die kapitalisierten Erträge, die jeder Sozius aus der Sozietät gehabt hat, d. h. also die Ertragswerte, herangezogen würden.

Ich kehre jetzt zu dem Zentrumsantrage, von dem ich ausgegangen bin, zurück und bemerke, daß die in dem Antrage vorgesehene Bestimmung, der zufolge die Gesellschaften die von ihnen zu bezahlende Steuer aus dem gesetzlich sonst nur zur Deckung von Unterbilanzen angreifbaren Reservefonds sollten entnehmen dürfen, durchaus zweckmäßig und eine für die Gesellschaften sehr wertvolle Erleichterung für die Aufbringung des Beitrages sein dürfte, deren für die Gesellschaftsgläubiger ungünstige Wirkungen man in den Kauf nehmen muß, wenn man überhaupt den Gesellschaften oder auch den Privaten Kapitalien solchen Umfanges durch eine einmalige Abgabe entziehen will. Ich trete daher dafür ein, daß diese Bestimmung auch dann in das Gesetz aufgenommen wird, wenn die Gesellschaften bzw. Aktiengesellschaften, wie es nach den Beschlüssen der ersten Lesung der Budgetkommission der Fall sein würde, nicht die ganze Steuer, sondern nur die Sondersteuer für die Reservefonds zu bezahlen haben. — Zu bemerken ist aber, daß durchaus nicht jede Aktiengesellschaft schon den gesetzlichen Reservefonds besitzt, daß ein solcher für Gesellschaften mit beschränkter Haftung nicht obligatorisch ist, und daß kleinere Einzelkaufleute erst recht keine Reservefonds haben, und deshalb ist es — ganz gleichgültig, wer die Steuer tragen mag — erstens nochmals wünschenswert, daß die Ertragswerte zugrunde gelegt werden, denn dann kann eben die Steuer wie eine Einkommensteuer aus dem Ertrage bezahlt werden, und ertraglose Unternehmungen haben sie überhaupt nicht zu bezahlen, zweitens aber ist es in jedem Falle unbedingt notwendig, daß die

Zahlungsfristen auf drei Jahre, nicht der Regierungsvorlage entsprechend auf nur zwei Jahre, verteilt werden und hierdurch die Flüssigmachung des Geldes den Geschäftsleuten oder Gesellschaften wenigstens einigermaßen erleichtert werde. — Das Reich wird, wenn es wirklich die gesamten Beträge früher brauchen sollte, mit Leichtigkeit provisorisch kurzfristige Schatzscheine ausgeben können.

Ich bemerke, daß diese Forderung glücklicherweise von der Budgetkommission am Schlusse der ersten Lesung noch angenommen worden ist.

Ich will mich nun noch weiter an den erwähnten Zentrumsantrag halten und bemerken, daß in der Budgetkommission manche Abgeordnete, die an und für sich Freunde der Besteuerung der Gesellschaften als solcher und der Steuerbefreiung für die Aktien- und Anteilbesitzer waren, schließlich nur aus dem Grunde gegen den Antrag gestimmt haben, weil inzwischen die so außerordentlich hohe Staffelung des Wehrbeitrages zur Tatsache geworden war und hierdurch für manche Fälle eine Zerlegung der Steuer in eine volle subjektive und außerdem partiell objektive Steuer trotz der hierin liegenden Doppelsteuer schonender erschien als die bei den Gesellschaften selbst konzentrierte und hierdurch sehr hoch gestaffelte einheitliche Steuer. — Es ist in der Budgetkommission gesagt worden, die Besteuerung der Aktiengesellschaft selbst sei eine Ungerechtigkeit gegen die kleinen Aktionäre, die vielleicht mit ihrem Vermögen weit unter der steuerfreien Grenze wären oder wenigstens nur mit einem geringen Steuersatze herangezogen würden. Nach dem Zentrumsantrag müßte z. B. ein Aktionär der Deutschen Bank unter Umständen das Neunfache dessen zahlen, was er eigentlich nach der Größe seines Vermögens zu zahlen hätte. Hierüber ist folgendes zu sagen: Den Fällen, wo ein kleiner Mann Aktionär einer großen Gesellschaft ist, stehen andererseits auch Fälle gegenüber, wo ein sehr reicher Mann Aktionär einer kleinen Gesellschaft ist, und in diesem Falle wirkt die Staffelung wieder in umgekehrter Richtung. Sodann aber haben wir längst andere Steuergesetze, wo die Verhältnisse in dieser Beziehung ganz ähnlich liegen wie beim Wehrbeitrage, ohne daß man deshalb jemals die betreffenden Steuergesetze beanstandet hätte. In erster Linie kommt hier die Besteuerung der Gesellschaften mit beschränkter Haftung bei der Preußischen Einkommensteuer in Betracht, wo ebenfalls die ganze Steuer den Gesellschaften auferlegt ist, während die Gesellschafter steuerfrei sind. Man hat hier nicht nur den an und für sich progressiven preußischen Einkommensteuertarif auf die Gesellschaften mit beschränkter Haftung angewandt, sondern sogar einen noch höheren Spezialtarif für die Gesellschaften mit beschränkter Haftung erfunden. Da aber diese Staffelung des preußischen Einkommensteuertarifs sich immerhin noch in maßvollen Grenzen bewegt, so hat dieser Modus der Besteuerung der Gesellschaften mit beschränkter Haftung in Preußen auch den kleinen Anteilbesitzern kaum Anlaß zu Beschwerden gegeben. Der Gedanke, daß die großen modernen Wirtschaftsgebilde, die durch Assoziation kleiner Kapitalien entstehen, nicht als die Summe ihrer einzelnen Glieder, sondern als ein Ganzes zu betrachten und zu erfassen sind, der Gedanke, daß die Leistungsfähigkeit dieser Gebilde nicht auf der Grundlage einer arithmetischen, sondern auf derjenigen einer geometrischen Progression wächst, dieser Gedanke beherrscht zu weite Kreise und hat vielleicht auch zu viel Berechtigtes in sich, als daß man ihm hier beim Wehrbeitrage innerhalb maßvoller und verständiger Grenzen jede Berechtigung versagen könnte. Ich möchte auch bestimmt glauben, daß gerade seitens der sogenannten „kleinen" Aktionäre, deren Interessen bei der Behandlung der Angelegenheit in der Kommission in den Vordergrund gestellt worden sind, auch eine maßvoll gestaffelte Steuer gern in den Kauf genommen werden würde, wenn dieselbe ganz von der Gesellschaft bezahlt wird und der kleine Aktionär selbst ganz steuerfrei wird. Er braucht sich dann wegen der Flüssigmachung der Steuer, die für die kleinen Aktionäre und insbesondere für die Besitzer schwer verkäuflicher oder unverkäuflicher Aktien und Anteile oft schwer genug sein wird, gar nicht zu bekümmern, die Aufbringung der Steuer liegt dann allein den Gesellschaften ob, und diesen wird die Aufbringung immerhin noch leichter fallen als gewissen kleinen Aktionären. Der Aktionär selbst würde von der Steuer oftmals überhaupt nichts merken, höchstens wird er sie durch eine kleine Verringerung der nächsten Dividenden allmählich ein klein wenig zu spüren bekommen, die Steuer würde auf ihn nicht mehr wie eine direkte, sondern wie eine indirekte Steuer wirken, und indirekte Steuern sind für den kleinen Mann viel leichter erträglich als direkte. — Ich möchte daher auch eine Staffelung innerhalb gewisser Grenzen, obgleich die Regierungsvorlage eine solche aus den in der Gesetzesbegründung angegebenen guten Gründen nicht enthielt, nicht zum Anlaß nehmen, um mich gegen den Zentrumsantrag betreffend die Besteuerung der Gesellschaften zu wenden. Wohl aber muß ich mich nicht nur gegen des Verhältnisses der Gesellschafter zu den Gesellschaften, sondern auch aus Gründen allgemeiner Art und auch aus Gründen, die in den wirtschaftlichen Verhältnissen der Industrie liegen — dieser Umstand berechtigt mich, zu dieser nicht nur die Industrie und den Handel berührenden allgemeinen Frage hier Stellung zu nehmen —, gegen eine Staffelung in demjenigen exorbitanten Umfange wenden, wie sie von der Budgetkommission in der ersten Lesung in das Gesetz hineingebracht worden ist, gegen eine Staffelung bis zum zehnfachen, von 0,15 pCt. bis zu 1,5 pCt. — denn selbst die obere Maximalgrenze von 1¹/₄ pCt. ist ja gestrichen worden.

Meine Herren! Wenn ich eine Steuerstaffelung von solcher Schärfe zunächst einmal nur vom Standpunkte der Großindustrie betrachte, so heißt es doch „die goldene Henne, welche die ganz besonders auch für unsere Wehrkraft nötigen Eier legt, schlachten", wenn man die großen Betriebe den kleinen Betrieben gegenüber nicht nur durchstaffelt, um mich dieses neuesten parlamentarisch-politischen terminus technicus zu bedienen, sondern wenn man sie so durch und durch staffelt und zerstaffelt, wie dieser jetzt in der ersten Kommissionslesung angenommene Vermögensabgabentarif es tut. Denn auch die Leistungsfähigkeit der Großindustriellen hat ihre Grenze, und ihre Ueberlegenheit gegenüber den Klein- und Mittelbetrieben ist namentlich innerhalb der von unserer neuzeitlichen wirtschaftlichen Entwickelung weniger begünstigten Fertigindustrien durchaus keine allzu große, und durch die Entwickelung der elektrischen Kraftzentralen, die jetzt billige Betriebskraft bis in das kleinste Haus hineintragen, wird die Ueberlegenheit der Großbetriebe in Industrien dieser Art, z. B. in Webereien, gegenüber den kleinen Betrieben eine immer geringere. Aber auch auf allen anderen Gebieten kann eine derartige unerhört hohe Staffelung zu ganz bedenklichen Konsequenzen führen. Lassen Sie mich nur noch hervorheben, daß eine derartige Uebertreibung des Staffelungsprinzips gerade bei einer Vermögenssteuer, und zwar bei einer auf der Grundlage der „gemeinen Werte" aufgebauten, also reinen Vermögenssteuer, mir noch viel bedenklicher erscheint, als es bei einer Einkommensteuer oder sonstigen Ertragssteuer der Fall sein würde. Denn der Ertrag, das erst im Entstehen begriffene Vermögen, ist noch nicht fest angelegt; ihm kann der reiche Zensit, den die hohe Staffelung trifft, meist noch viel entziehen, ohne daß dies zu bedenklichen Konsequenzen, abgesehen von der volkswirtschaftlich übrigens auch nicht ganz gleichgültigen Schwächung der Kaufkraft der oberen Zehntausend, führen würde. Bei einer reinen Vermögenssteuer aber, die insbesondere bei Zugrundelegung der gemeinen Werte auch die großen ertragsschwachen oder ertragslosen Vermögen trifft, handelt es sich um die Notwendigkeit der Flüssigmachung von Teilen fest und großenteils unveräußerlich angelegter Vermögen, eine Notwendigkeit, welche tief eingreifende wirtschaftliche Konsequenzen im Gefolge haben kann. Der Centralverband muß daher meines Erachtens auf das dringendste dahin vorstellig werden, daß diese exorbitante Staffelung von 0,15 bis 1,5 aus dem Gesetz wieder herausgebracht wird, daß die Staffelung selbst für die allergrößten Vermögen keinesfalls über 1 pCt. hinausgehen darf, event. unter gleichzeitiger Erhöhung der untersten Staffelstufen bis etwa auf 0,25 bis 0,3 pCt., wodurch sehr reichlich der finanzielle Ausgleich für den Wegfall der über 1 pCt. hinausgehenden Staffelung geboten werden würde, und daß der Herr Staatssekretär des Reichsschatzamtes, der in der Kommission erklärt hat, die Regierung werde sich nur allerhöchstens mit einer Staffelung von 1 bis $1^1/_4$ pCt. abfinden, dem jetzt in erster Lesung geschaffenen Staffeltarife für die Vermögen seine Zustimmung versagen möchte.

Meine Herren! Lassen Sie mich nun zu der neuesten, ebenfalls in erster Lesung angenommenen Schöpfung der Budgetkommission, dem sogenannten „Kompromiß" betreffend die Kapitalisierung der unfundierten Einkommen und deren gemeinsame Besteuerung mit den fundierten — ein fait accompli, daß die endgültige befriedigende Lösung einiger der von mir erörterten Fragen ganz besonders verwickelt macht —, übergehen.

Es ist nicht zu leugnen, daß dieses Kompromiß dem von mir empfohlenen Gedanken, das Handels- und Industriekapital nach dem Ertragswerte zu besteuern, allerdings nur bis zu einem gewissen Grade und auf recht verschlungenen Pfaden, Rechnung trägt. Denn der Abzug von 5 pCt. des Vermögens, der bei der Berechnung des Einkommens gemacht werden kann, soll den Sinn haben, und hat in der Tat bis zu einem gewissen Grade die Wirkung, daß jedes Vermögen etwa auf der Basis eines 5proz. Ertrages zur Besteuerung herangezogen wird. Derjenige nämlich, dessen steuerpflichtiges Vermögen zu seinem tatsächlichen Ertrage in einem höheren Verhältnis steht als 100 zu 5, kann sich mehr als den tatsächlichen Ertrag bei der Einkommensteuer abziehen, während umgekehrt derjenige, dessen steuerpflichtiges Vermögen zu seinem tatsächlichen Ertrage in einem niedrigeren Verhältnis steht, als 100 zu 5, als Strafe für sein im Verhältnis zum Ertrage zu niedrig bewertetes Vermögen sich einen Teil seines tatsächlichen Vermögensertrages bei der Einkommenbesteuerung zu der Steuer für sein kapitalisiertes unfundiertes Einkommen zuschlagen lassen muß. Da aber die Zurückkapitalisierung des Abzugs von 5 pCt. des Vermögens nicht mit dem einem 5proz. Ertrage entsprechenden Kapitalisierungsfaktor 20, sondern nur mit den niedrigen Kapitalisierungsfaktoren 6 bis 12, je nach der Höhe des gesamten Einkommens, erfolgt, so ist der hierdurch geschaffene Ausgleich für die Vermögenssteuer nur ein teilweiser, die Reduktion der Vermögen auf einen 5proz. Ertrag nur eine approximative. Immerhin ist zuzugeben, daß die Frage, ob die Vermögenssteuer vom gemeinen Werte oder vom Ertragswerte erhoben wird, durch diesen verschlungenen Pfad, durch diese Verflechtung der Vermögensbesteuerung mit der Besteuerung des Gesamteinkommens unter Abzug von 5 pCt. des Vermögens bei der Einkommenbesteuerung, doch ein recht unebener und holpriger Pfad ist. Denn abgesehen von seiner nur approximativen Wirkung setzt er bei allen Arten von Vermögen den gleichen Kapitalisierungsfaktor 20, das gleiche Verhältnis zwischen Vermögenswert und Ertrag, voraus, und dies entspricht nicht der tatsächlichen Lage der Dinge. Vielmehr kann man im allgemeinen sagen, daß unter den gegenwärtigen Verhältnissen der Wert des Handels- und Industriekapitals das 16²/₃fache, der Wert des landwirtschaftschaftlichen Kapitals das 25fache — obgleich die Budgetkommission jetzt hierfür bei den Sonderbestimmungen für Landwirtschaft auf das 20fache übergegangen ist —, der Wert eines sicheren festverzinslichen Effekten-Vermögens das 20fache bis 25fache des Ertrages darstellt. Diese Verschiedenheiten kommen bei dem generellen Abzuge von 5 pCt. gar nicht zum Ausdruck, und außerdem hat der Antrag noch den sehr großen Haken, daß der Abzug von 5 pCt. des Vermögenswertes nur demjenigen Besitzer oder Mitbesitzer eines ertragslosen oder ertragsschwachen geschäftlichen Unternehmens zusteht, der außerdem ein unfundiertes Einkommen hat, auf welches er sich das fingierte 5 proz. Einkommen seines fundierten Vermögens abziehen kann. Wer jedoch nur ertragloses Geschäftsvermögen und außerdem kein oder nur sehr wenig unfundiertes Einkommen hat, der hat keine Gelegenheit, sich den fingierten 5 prozentigen Ertrag seines Geschäftsvermögens oder seiner dividendenlosen Aktien irgendwo in Abzug zu bringen; denn nach dem Wortlaute der Kompromiß-Beschlüsse verringert sich um diesen Betrag nur das steuerpflichtige kapitalisierte Einkommen, vorausgesetzt, daß ein solches in ausreichendem Umfange vorhanden ist, während es von der Vermögenssteuer, welche der Besitzer eines ertraglosen Vermögens auch bei völlig fehlendem Einkommen zu bezahlen hat, nicht in Abzug gebracht werden darf, vielmehr die Vermögenssteuer in jedem Falle voll bezahlt werden muß. Es ist das eine krasse Ungerechtigkeit und eine enorme Härte gegenüber denjenigen verschämten Armen, die zwar ein Vermögen, aber kein Einkommen haben, und deren Zahl bei Zugrundelegung der gemeinen Werte für die Vermögensbesteuerung keine geringe sein wird, denn hierunter fällt ja die große Kategorie der erfolglosen Geschäftsleute, die außer ihrem Geschäft nichts besitzen.

in ihrem Geschäft ohne Nutzen oder mit Verlust arbeiten, infolge der Einschätzung zum „gemeinen Wert" aber trotzdem zur Vermögensabgabe herangezogen werden.

Ich möchte deshalb den Vorschlag machen, daß der Abzug für die Zurückrechnung des fundierten Einkommens aus Handels- und Industrie-Kapital nicht 5 pCt., sondern 6 pCt. des effektiven Vermögens beträgt, und daß außerdem dieser Abzug nicht allein von der Steuer für das kapitalisierte Einkommen, sondern in Ermangelung eines genügenden Einkommens auch von der Steuer auf das ertraglose oder ertragsschwache Vermögen selbst, bzw. also von der gesamten Steuer — unter Zurückkapitalisierung etwa mit dem Kapitalisierungsfaktor 10 — gemacht werden kann.

Es würden also nach diesem Vorschlage zum Beispiele in dem Falle, wo ein ertragloses oder nur minimalen Ertrag bringendes, aber auf Grund seines „gemeinen Wertes" mit 100 000 M. abgeschätztes Fabriketablissement vorhanden ist, 6 pCt. hiervon, kapitalisiert mit 10, also 60 000 M. von dem steuerpflichtigen gemeinen Werte abgehen, der steuerpflichtige Wert des Fabriketablissements also nur 40 000 M. betragen, und die Steuer auf das kapitalisierte Einkommen würde dann natürlich, wenn ein solches Einkommen vorhanden ist, völlig unverkürzt zu bezahlen sein, bei fehlendem Einkommen aber nicht zu bezahlen sein.

Um nun noch einige wenige andere Punkte zu behandeln, so ist für Handel und Industrie noch der Termin von Interesse, auf welchen der zu deklarierende Vermögenswert sich beziehen soll; in dieser Hinsicht kann ich mich mit den von der Budgetkommission gefaßten Beschlüssen — Stand vom 31. Dezember 1913, subsidiär bei Betrieben mit Jahresbilanzen der Stand am Schlusse des letzten Rechnungsjahres — einverstanden erklären.

Endlich glaube ich, daß die Last des Wehrbeitrages für Handel und Industrie eine solche ist, daß auch sie sich der in der Budgetkommission aufgestellten, aber nicht durchgegangenen Forderung anschließen muß, daß der Wehrbeitrag nur in derjenigen Höhe erhoben wird, in welcher er zur Deckung der einmaligen Ausgaben für die jetzige Wehrvorlage gebraucht wird, nicht aber ein etwaiger Ueberschuß über diesen Bedarf hinaus noch mit erhoben und dann für allgemeine budgetäre oder sozialpolitische oder sonstige Zwecke oder, wie die Budgetkommission in erster Lesung beschlossen hat, zur Schuldentilgung verwandt wird. — Die Deckung umfangreicher staatlicher Bedürfnisse durch eine derartige präzipuale Belastung der größeren Vermögen, wie die Wehrvorlage sie insbesondere nach der von der Kommission hineingebrachten Staffelung bringt, ist immerhin etwas so Ungewöhnliches, daß eine solche Finanzpolitik nach meiner Ansicht nur für die vorliegenden exzeptionellen Umstände gebilligt werden kann, die Anwendung derselben auf andere Zwecke aber prinzipiell zurückgewiesen werden muß.

Ich will nun die Anträge, die ich zu stellen beabsichtigte, und die ich eingehend begründet habe, noch einmal kurz zusammenfassen. Es sind die folgenden:

1. Beseitigung der Doppelbesteuerung, die in der Heranziehung der Aktiengesellschaften und Kommanditgesellschaften auf Aktien neben dem Besitzer der Aktien und Anteile liegt.

2. Besteuerung aller Aktien mit amtlicher Kursnotiz auf Grund der Kursnotiz, Besteuerung alles sonstigen (gesellschaftlichen und privaten) Handels- und Industriekapitals in erster Linie zum Ertragswerte auf Basis des $16^2/_3$ fachen Durchschnittsertrages der letzten drei Jahre, wobei als Ertrag von Aktien und Anteilen bei Besteuerung in den Händen der Aktien- bzw. Anteilsbesitzer nur die Dividende, in den Händen der Gesellschaften dagegen der gesamte Reinertrag in Betracht kommen würde, in zweiter Linie (Eventualantrag) subsidiäre Heranziehung des Ertragswertes neben dem gemeinen Werte nach Maßgabe folgender Bestimmung:

„Aktien und Anteile von Gesellschaften ohne Börsenkurs und Kuxe von Gewerkschaften, sowie alles sonstige Handels- und Industriekapital werden zum gemeinen Werte (Verkaufswerte) herangezogen. Sofern ein solcher nicht zu ermitteln ist, gilt als Wert das $16^2/_3$ fache des Durchschnitts des Ertrages der letzten drei Jahre, bei kürzerem Bestehen des Unternehmens das $16^2/_3$ fache des Durchschnitts des Ertrages während der Jahre des Bestehens. Ist ein Ertrag nicht vorhanden oder die Ausschüttung desselben durch den Gesellschaftsvertrag in ihrer Höhe beschränkt, so kann die Steuerbehörde den Wert durch die zuständige Handelsvertretung abschätzen lassen."

3. Der § 16 des Gesetzentwurfs muß dahin abgeändert bzw. ergänzt werden, daß für Handel- und Industrievermögen nicht der Wert der einzelnen Bestandteile, sondern nur der Wert des Gesamtvermögens zugrunde zu legen ist.

4. Der § 19 des Gesetzentwurfs ist dahin abzuändern, daß als Wert der Aktien oder Gesellschaftsanteile ohne Börsenkurs nicht „derjenige Teil des Gesellschaftsvermögens, welcher dem Bruchteile entspricht, den die Aktie oder der Gesellschaftsanteil vom Gesamtaktien- oder Stammkapital bildet", sondern vielmehr der Wert der Aktien bzw. Anteile als solcher gilt.

5. Insoweit als Gesellschaften für ihr Vermögen, sei es für ihr ganzes Vermögen, sei es für Teile desselben, Wehrbeitrag zu bezahlen haben, darf derselbe, abweichend von den Bestimmungen des Handelsgesetzbuches, aus dem gesetzlichen Reservefonds entnommen werden.

6. Die Zahlungsfristen für den Wehrbeitrag müssen auf drei Jahre verteilt werden (eine Forderung, die von der Budgetkommission am Schlusse der ersten Lesung noch angenommen worden ist).

7. Die von der Budgetkommission in erster Lesung angenommene Staffelung des Wehrbeitrages von 0,15 bis 1,5 pCt. muß durch eine maßvollere Staffelung ersetzt werden, die selbst für die allergrößten Vermögen nicht über 1 pCt. hinausgehen darf, unter eventueller gleichzeitiger Erhöhung der untersten Staffelstufen bis etwa auf 0,25 pCt. oder 0,3 pCt.

8. Der von der Budgetkommission in erster Lesung angenommene „Kompromißbeschluß“ betreffend die gemeinsame Besteuerung des tatsächlichen und eines fiktiven — durch Kapitalisierung des Einkommens ausgerechneten — Vermögens ist, wofern er überhaupt bestehen bleibt, dahin abzuändern, daß der Abzug für die Zurückrechnung des fundierten Einkommens aus Handels- und Industriekapital nicht 5 pCt., sondern 6 pCt. des effektiven Vermögens beträgt und außerdem dieser Abzug nicht allein von der Steuer für das kapitalisierte Einkommen, sondern in Ermangelung eines genügenden Einkommens auch von der Steuer auf das ertraglose oder ertragschwache Vermögen selbst — unter Zurückkapitalisierung mit dem Kapitalisierungsfaktor 10 — abgezogen werden kann.

9. Der Wehrbeitrag darf nur in derjenigen Höhe erhoben werden, in welcher er zur Deckung der einmaligen Ausgabe für die Wehrvorlage benötigt wird. Eine Verwendung eines Teiles des Wehrbeitrages für Schuldentilgung oder für sonstige allgemein-budgetäre oder sozialpolitische Zwecke ist ausgeschlossen.

Meine Herren! Ich schließe hiermit mein Referat, indem ich die Worte zitiere, mit welchen ein ebenfalls auf den Wehrbeitrag bezüglicher Artikel des Ministerialdirektors a. D. Hermes in der Zeitschrift „Der Tag“ vom 17. Mai 1913 schließt:

„Nichts ist lähmender für die Bewilligungsfreudigkeit als die Vorstellung, daß bei Steuervorlagen nach ungleichem Maße gemessen wird. Deshalb erscheint es von großer politischer Bedeutung, daß auch in der Wehrbeitragsvorlage der Grundsatz „suum cuique“ nirgends verletzt wird.“ (Beifall.)

Vorsitzender: Meine Herren, bevor ich die Diskussion über die gehörten Referate eröffne, möchte ich noch zu Ihrer Kenntnis bringen, daß das Direktorium des Centralverbandes sich natürlich mit den Fragen, die in den eben gehörten Referaten behandelt worden sind, in wiederholten Sitzungen beschäftigt hat, zuletzt gestern abend. An der gestrigen Sitzung konnte leider Herr Kommerzienrat Kauffmann nicht teilnehmen, so daß wir über die Grundlagen für die heutige Debatte über sein Referat uns nicht mit ihm vorher verständigen konnten.

Wir sind nach eingehenden Beratungen gestern zu dem Ergebnis gekommen, daß wir, das Direktorium des Centralverbandes, uns gegenüber dieser außerordentlich schwierigen Frage auf den Standpunkt stellen sollten, daß erstens der gemeine Wert als Grundlage für die Veranlagung der Aktiengesellschaften und Kommanditgesellschaften auf Aktien von uns nicht empfohlen und gebilligt werden könnte, und zwar hauptsächlich aus dem Grunde, weil es für die Veranlagungsbehörden nach unserer aller Ansicht eine Unmöglichkeit sein wird, den gemeinen Wert überhaupt festzustellen (sehr richtig!), ihn festzustellen in der Art, daß die verantwortlichen Leiter der Aktiengesellschaften sich mit den Feststellungen zufrieden geben können, ihn festzustellen in der Art, daß nicht in sehr erheblichem Umfange die Folgen der Veranlagungen langatmige, langwierige Prozesse sein müssen, die naturgemäß in der Oeffentlichkeit lange nachwirken werden und die — ich brauche darauf in diesem Kreise nicht näher einzugehen — die schwerwiegendsten wirtschaftlichen, sozialen und politischen Folgen nach sich ziehen können. Das ist das eine.

Das andere, das wir feststellen zu müssen glaubten, war, daß der berechtigte Wunsch besteht, mag man sonst darüber denken, wie man will, daß doch nach Möglichkeit die Doppelbesteuerung zu vermeiden ist. Das ist radikal dadurch möglich, daß man die Aktiengesellschaften und Kommanditgesellschaften auf Aktien überhaupt aus dem Gesetz herausläßt. Wenn es nicht möglich ist, daß sie herausbleiben, so wäre der andere Weg in Erwägung zu ziehen, die Zensiten, die Einzelpersonen, die Aktionäre freizulassen. Wir stehen aber auf dem Standpunkt, daß es ein außerordentlich gefährliches Beginnen für die Industrie wäre, diesen Weg in Vorschlag zu bringen, weil naturgemäß im Reichstag und auch bei der Regierung die Neigung vorhanden ist, mit Rücksicht darauf, daß das Geld aufgebracht werden muß, sich auch über die Frage der Heranziehung der Einzelpersonen unter dem Gesichtspunkt der Doppelbesteuerung hinwegzusetzen, wenn man die erforderlichen Mittel auf diesem Wege aufbringen kann.

Wir sind der Ansicht, daß, wenn unser großer industrieller Verband die Besteuerung der Aktiengesellschaften unter der Voraussetzung zulassen will, daß die Aktionäre freigelassen werden, dann dieses Zugeständnis, die Aktiengesellschaften heranzuziehen, akzeptiert wird und die Aktionäre auch noch herangezogen werden (sehr richtig!), so daß also die Doppelbesteuerung dabei doch in das Gesetz hineinkommt. Das war das zweite.

Wenn es nicht erreichbar ist, daß die Aktiengesellschaften und die Kommanditgesellschaften auf Aktien freigelassen werden, wenn also nach einem Modus für eine möglichst gerechte Besteuerung der Aktiengesellschaften und der Kommanditgesellschaften gesucht werden muß, dann haben wir uns gesagt, daß man zur Lösung dieser außerordentlich schwierigen Frage den Versuch machen soll, eine möglichst einfache, klare und eindeutige Formel zu finden, die es den Veranlagungsbehörden möglich macht, ohne erhebliche Schwierigkeiten, ohne Eindringen in die internen Verhältnisse der Gesellschaften, ohne die aus einem solchen Eindringen in die Verhältnisse der Gesellschaften sich notwendig ergebenden Prozesse zu einem wirklich dem Gesetz entsprechenden, vom Gesetz gewollten Einschätzungsmodus zu kommen, und diese einfache, klare und eindeutige Formel könnte man nach unserer Ansicht finden, indem man eine Relation herstellt zwischen den durchschnittlichen Dividenden, die von den Gesellschaften verteilt werden, also zwischen dem durchschnittlichen Reingewinn, der in den Dividenden zum Ausdruck kommt, und dem Nennwert des Aktienkapitals.

Das sind die Gesichtspunkte, die wir geglaubt haben als den Standpunkt des Direktoriums für die Debatte in der heutigen Versammlung festlegen zu sollen.

Wie aber nun diese Relation zwischen den durchschnittlichen Dividenden und dem Nennwert des Aktienkapitals zu finden ist, das ist nach unserer Ansicht nicht Sache der industriellen wirtschaftlichen Körperschaften, sondern das würde Sache der gesetzgebenden Körperschaften sein, im vorliegenden Falle des Bundesrats und des Reichstages.

Dies den Herren zur Kenntnis zu bringen, habe ich im Zusammenhange mit dem Referat des Herrn Kommerzienrat Kauffmann für meine Pflicht gehalten.

Ich eröffne nun die Diskussion und gebe zunächst das Wort Herrn Geheimen Oberfinanzrat Müller.

Geheimer Oberfinanzrat **Müller**-Berlin: Mit den Ausführungen des ersten Herrn Referenten kann ich mich durchweg einverstanden erklären, auch mit einem Teil der Ausführungen des zweiten Herrn

Referenten, während ich einem anderen Teil leider auf das entschiedenste widersprechen muß.

Die Idee, die Aktiengesellschaften zu besteuern und die Aktien bei den einzelnen Aktionären freizulassen, ist bei der jetzt beschlossenen und wenn auch vielleicht zu modifizierenden, aber doch im wesentlichen wohl feststehenden Staffelung gänzlich unausführbar, denn bei den Gesellschaften würde vermöge der höchsten Staffeln ein Vielfaches von dem erhoben, was den Aktionären an Erleichterung zuteil wird. Umgekehrt würde eine unverständliche Bevorzugung bei Aktionären eintreten, die fast die ganzen Aktien einer Gesellschaft besitzen oder die ihr Vermögen fast ausschließlich in Aktien angelegt haben, so daß sie gerade bei dieser Staffelung, während sie vielfach Millionäre sind, in eine ganz niedrige Stufe kommen, und das würde wiederum solches Aergernis und solche Unzufriedenheit erregen, daß das, glaube ich, gar nicht denkbar ist. Ferner ist die Freilassung bei den einzelnen Aktionären steuertechnisch schwer zu konstruieren, denn das würde wiederum eine Vermögensdeklaration der einzelnen notwendig machen, die zu den widerwärtigsten Schikanen führen würde. Man müßte dann nicht bloß deklarieren, was man an Vermögen in Grundbesitz und was man an Vermögen in Aktien hat, sondern man müßte detaillieren, man müßte seinen ganzen Aktienbesitz auflegen, und man müßte, wie ich die Steuerbehörden kenne, nachweisen, nicht bloß daß man die Aktien am 31. Dezember 1913 besessen hat, sondern daß man sie einen gewissen langen Zeitraum vorher schon besessen hat, und bei Aktien, die im Laufe des letzten Jahres ihren Besitzer gewechselt haben, würde diese Schwierigkeit natürlich gar nicht zu lösen sein.

Diese Anregungen führen aber dahin, was ja vielleicht auch der zweite Herr Referent nicht beabsichtigt hat, daß man die reine Doppelbesteuerung der Aktiengesellschaften wieder auf die Tagesordnung bringt und die Aktiengesellschaften und den Aktionär ohne Milderung doppelt besteuert, also viel schwerer, als es die Regierungsvorlage hier vorgeschlagen hat und als es die Budgetkommission bei ihren letzten Beschlüssen gewollt hat.

Was ferner die Besteuerungsart des Ertragswertes anbetrifft, so ist sie ja besonders verführerisch für Betriebe mit geringer Rentabilität, das gebe ich zu; sie ist aber kein Maßstab beispielsweise für den gesamten Handel. Der Handel arbeitet mit geringem Eigenvermögen, wenigstens die Geschäfte, die neu begründet werden, arbeiten meist anfangs mit geringem Eigenkapital. Sie arbeiten, wenn der Mann als tüchtiger Mensch gilt und persönliches Vertrauen genießt, mit großem Kredit, und in dem Ertrage seines Geschäfts ist seni persönliches Arbeitseinkommen ganz untrennbar von der Rente seines Vermögens enthalten. Sie könnten zu ganz abenteuerlichen Resultaten kommen, wenn Sie das Erträgnis eines geschickten Inhabers eines Handelsgeschäfts zugrunde legen wollten, das bei 100 000 M. Vermögen, wie mir zahlreiche Fälle bekannt sind, mit 150 000 M. Gewinn in einem Jahre abschließt. Jeder Inhaber eines Handelsgeschäfts, der es später zu einem großen Vermögen bringt, muß doch anfangen; er muß durch geschickte Kombinationen schließlich ein Vermögen erwerben durch seine persönliche Tüchtigkeit und durch Inanspruchnahme des ihm gewährten Kredits, wenn er es überhaupt zu etwas bringen will, und er muß in guten Jahren soviel Vermögen erwerben, daß er auch schlechte Jahre vertragen kann. Also für den Handel ist diese ganze Theorie unanwendbar.

Richtig ist, daß der gemeine Wert für die Industrie ein unbrauchbares Moment ist, und daß man unmöglich eine Vermögensaufstellung fordern kann, die den Grundsätzen, welche dem Kaufmann im Handelsgesetzbuch auferlegt sind, schnurstracks widersprechen. (Sehr richtig!) Der oberste Grundsatz im Handelsgesetzbuch, auf dessen strikte Innehaltung im Interesse der Solidität gehalten werden muß, ist, daß Waren nur zu dem Herstellungs- oder Anschaffungspreise in die Bilanz einzustellen sind. (Sehr richtig!) Ich will einmal ein Beispiel erwähnen, das mir naheliegt. Die Aktiengesellschaft Phönix hat jahraus jahrein in allen Monatsbilanzen, die ich sehe, ungefähr einen Warenbestand von 25 Millionen Mark an Rohmaterialien, Halbfabrikaten und Ganzfabrikaten. Wenn diese Gesellschaft Dividenden verteilt, dann muß natürlich ein großer Mehrwert in diesen Vorräten stecken. Wenn der Direktor einer solchen Gesellschaft sich einfallen ließe, eine Vermögensaufstellung zu machen, wobei er diese 25 Millionen Mark Vorräte zu dem Verkaufswert einstellt, so würde, glaube ich, der Aufsichtsrat in Erwägung treten, ob man nicht den Mann sofort abberuft. (Sehr richtig!) Wenn ein Kaufmann der Bank eine Bilanz vorlegt und in dieser Bilanz eine solche Rechnung machen wollte, daß er sein Warenlager nach dem Verkaufswert einstellt, so würden wir ihm nicht nur den nachgesuchten Kredit nicht gewähren, sondern wenn wir ihm Kredit gewährt hätten, würden wir ihm den Kredit sofort entziehen. Der Mann würde im Kreise seiner Berufsgenossen als ein angehender Bankrotteur angesehen werden. Es kann also unmöglich in einem Steuergesetz eine Vermögensaufstellung verlangt werden, die den Verkaufswert der Aktiva darstellen soll. Ein solcher Verkaufswert ist für große Warenlager überhaupt nicht zu ermitteln. Ich kann den Verkaufswert von einem Paar Stiefel, von zehn Paar Stiefel, vielleicht von hundert Paar Stiefel angeben, aber ich kann keinen Verkaufswert angeben und schätzen für ein Warenlager im Anschaffungswerte von zwei Millionen Mark. Also man kommt zu unsinnigen Resultaten. Wenn ich mich in die Situation des Chefs eines Warengeschäfts oder einer Aktiengesellschaft versetze, der nach dem Gesetz verpflichtet ist, eine Vermögensaufstellung nach solchen Grundsätzen zu machen, so werde ich das bei großen Geschäften — und man muß doch auch diese in Rechnung ziehen — als ganz unmöglich erkennen. Mir liegt das Beispiel von Orenstein & Koppel nahe, die 80 Filialen im Auslande mit 80 verschiedenen Warenlagern haben, die teils in Asien, teils in Südamerika, teils sonstwo liegen. Da erfordert die Aufstellung der Jahresbilanz eine Arbeit von fünf bis sechs Monaten, und da sind natürlich die Grundlagen des Handelsgesetzbuches maßgebend. Es werden die Anschaffungspreise eingesetzt, und wo eine schwere Verkäuflichkeit angenommen wird, werden natürlich Abschreibungen auf die Anschaffungspreise gemacht. Daneben eine ganz andere grundsätzlich verschiedene Vermögensaufstellung zu machen, ist ein Unding. Als Direktor einer solchen Gesellschaft würde ich nicht in der Lage sein. irgendeine solche Vermögensaufstellung mit meinem Namen zu decken, (Sehr richtig!) Also nicht der gemeine Wert. Aber es kann natürlich auch nicht beansprucht werden, daß jede Gesellschaftsbilanz, gleichviel wie sie sonst aussieht, der Beanstandung der Steuerbehörde entzogen werden soll. Das ist ja auch jetzt nicht der Fall. Natürlich kann die Verität der Bilanz von der Steuerbehörde nachgeprüft werden. Aber dic Steuerbehörde soll bei dieser Nachprüfung die Grundsätze des Handelsgesetzbuches berücksichtigen, namentlich auch hinsichtlich der Aufnahme der Debitoren. Wenn jemand in seiner Bilanz Debitoren aufführt, von denen die Insolvenz noch nicht nachgewiesen ist, bei denen er aber Zweifel hat, so muß er eine Abschreibung darauf machen oder er ist kein solider Kaufmann. Das Gesetz — und wie ich die Steuerbehörde kenne, hält sie sich an den Wortlaut — würde beispielsweise bei einem Debitor entweder den Nachweis der Insolvenz oder den Nachweis der Dubiosität verlangen. Stellen Sie sich nun einmal vor, daß eine große Bank — ich will einmal, um meine Bank nicht zu nennen, die Deutsche Bank nennen — zweihunderttausend und mehr Debitoren, glaube ich, hat, so wird man doch von einer solchen Bank und auch von einem Warengeschäft übrigens, das eine große Zahl von Debitoren hat, als Kriterium der Solidität verlangen, daß gegen eine solche Masse von Debitoren unbedingt eine Reserve gestellt werden muß, auch wenn jeder einzelne Debitor noch von der Direktion und von den Beamten als ein vollständig guter Debitor angesehen wird. Daß aber unter 250 000 Debitoren einige im Laufe des nächsten Jahres faul werden, ist bombensicher. Also dazu muß eine Reserve gestellt werden. Ich sehe keine Möglichkeit nach meinem langjährigen Verkehr mit Steuerbehörden, einem Steuerbeamten diese Sache plausibel zu machen. (Sehr richtig!)

Also das bezüglich der hier zum Vortrag gekommenen Einzelfälle. Ich halte es aber für viel wichtiger, als mich mit diesen einzelnen, zum Teil sehr intrikaten Fragen zu beschäftigen, Stellung zu nehmen gegen die großen Gefahren, die aus dem Gesetzentwurf und aus der Gestalt, die derselbe in der Budgetkommission gefunden hat, für Handel und Gewerbe, überhaupt für die gesamten besitzenden Klassen, gleichviel welchen Namen sie haben, entspringen (sehr richtig!), und da möchte ich folgendes voranschicken:

Gegen die Idee der einmaligen Wehrleistung im Ausmaße von etwa einer Milliarde Mark sind in der Oeffentlichkeit sehr wenig Einwendungen bisher erhoben worden. Auch die Kreise der Industrie, des Handels und der Finanz haben teils zugestimmt, teils haben sie stillgeschwiegen, nicht etwa in Anerkennung der Richtigkeit und Zweckmäßigkeit dieser außerordentlichen Maßnahme, sondern lediglich aus dem Grunde, weil man sich sagte: Nachdem die Regierung eine solche Vorlage gemacht hat, kann man sie nicht ablehnen, ohne unser Vaterland dem Auslande gegenüber bloßzustellen. Aber was die Zweckmäßigkeit anbetrifft, da gehen die Ansichten auseinander, und ich kenne nur einige wenige Leute, die überhaupt für die Zweckmäßigkeit plädiert haben. Namentlich mit der Idee, daß man mit dieser Leistung von einer Milliarde freiwilliger Opfergabe, wie man im Anfange gesagt hat, dem Auslande imponieren will, muß man, glaube ich, aufräumen. Wenn Sie hier einem Franzosen damit imponieren wollen, so wird er mit Recht uns daran erinnern, daß Frankreich imstande gewesen ist, nach dem unglücklichen Siebziger Kriege fünf Milliarden innerhalb dreier Jahre aufzubringen, diese Kriegsschuld an Deutschland rascher abzutragen, als vorgesehen war, und zwar im Wege von Anleihen. Frankreich hat damals sich nicht gescheut, eine 5proz. Anleihe herauszubringen, die in Frankreich glänzend gegangen ist.

Es ist wohl gesagt worden, unsere letzte Anleihe habe mäßigen Erfolg gehabt, wir könnten keine neuen Anleihen aufbringen. Das öffentlich auszusprechen, halte ich für eine große Gefahr, und ich halte es auch für unrichtig. Wenn die staatlichen Finanzverwaltungen in ihren Anleihen in den letzten Jahren durchaus keine glückliche Hand gehabt haben, so liegt das vorzugsweise an ihnen und daran, daß sie es grundsätzlich ablehnen, sich über diese Fragen mit Sachverständigen der Privatfinanz zu unterhalten. (Heitere Zustimmung.) Sie würden sich nach ihrer Ansicht etwas vergeben, wenn sie das täten. Wenn man bei 6 pCt. Bankdiskont und 5½ pCt. Privatdiskont, bei noch fortdauernder politischer Beunruhigung, bei einer Stimmung im Inlande, daß man mit einer kontinuierlichen industriellen Depression rechnet, vielleicht mehr rechnet als notwendig ist, daß man für die Zukunft eine schlechte Zeit für Handel und Industrie voraussieht und eine dauernde Anspannung des Geldmarktes, — wenn man in diesem Moment auch mit einer Anleihe herauskommt, die genau den Typ hat wie die früheren nicht ganz gut gegangenen Anleihen, so kann man sich nicht wundern, wenn der Erfolg ausbleibt.

Ich kann heute nicht sagen, wie die Anleihe, deren Zeichnung morgen ihren Abschluß findet, ausfallen wird. Ich habe aber das Gefühl, daß nach dem, was ich bisher gehört habe, die Anleihe einen sehr bescheidenen Erfolg haben wird, und wenn dieser Erfolg noch bescheidener ist, als er durch die Lage des Geldmarktes gerechtfertigt ist, so liegt das an der tiefgehenden Beunruhigung, welche die ganzen Kreise der Finanzwelt ergriffen hat durch das, was ihnen von der Budgetkommission schon präsentiert ist, und an den Sorgen, die sich hinsichtlich der Zukunft aus diesem ersten Schritt einer moderierten Konfiskation von Vermögen und Einkommen ergeben. (Sehr richtig!) Ich kann konstatieren, daß Leute, die nach ihrem Benehmen bei früheren Anleihen eigentlich hätten zeichnen sollen und vielleicht auch gezeichnet hätten, es diesmal nicht getan haben, und ich kann das nur auf diese Beunruhigung zurückführen.

Wenn man nun aber wirklich mit dem Gesichtspunkt gerechnet hat, auf das Ausland mit dieser einmaligen Abgabe einen Eindruck zu machen — und es wäre immerhin, wenn es glatt ginge, vielleicht auch ein günstiger Eindruck gewesen —, so hat man der Möglichkeit eines günstigen Eindruckes in wirksamer Weise vorgebaut, erstens dadurch, daß man es für notwendig gehalten hat, aus der Steuerentziehung oder aus der unrichtigen oder unvollständigen Deklaration ein Kriminalvergehen zu machen und dafür Gefängnisstrafe und Verlust der bürgerlichen Ehrenrechte anzudrohen. Von meinem Standpunkte aus hätte ich nichts dagegen: Sie könnten auch Zuchthausstrafe dafür androhen, denn die Kreise, die von der Wehrvorlage hauptsächlich betroffen werden, haben doch teilweise ihre gesellschaftliche, jedenfalls aber ihre geschäftliche Stellung zu riskieren; und wenn Sie gar keine Strafe, nicht einmal eine Vermögensstrafe androhen, so kann beispielsweise ein Bankdirektor oder der Direktor einer großen Aktiengesellschaft oder auch ein Aufsichtsratmitglied einer Aktiengesellschaft nicht riskieren, durch die Aufklärung der Steuerbehörde überführt zu werden, daß er falsch deklariert hat. Ich halte es für absolut unmöglich, daß ein solcher Mann noch einen Tag länger auf seinem Posten bleibt, wenn das in der Oeffentlichkeit bekannt würde, oder wenn es auch nur seinen Berufsgenossen bekannt würde; und mehr oder weniger trifft das doch für alle anständigen Kaufleute, für alle Rentiers zu. Ich halte es für eine sehr unglückliche Wendung, daß in der „Kölnischen Zeitung" ein Satz gestanden hat: „Wenn man da zu weit geht, könnten die Kapitalisten ein Schnippchen schlagen." Was die „Kölnische Zeitung" gemeint hat, weiß ich nicht, ich kann mir nicht denken, daß sie eine falsche Deklaration gemeint hat und das mit dem Ausdruck „ein Schnippchen schlagen" bezeichnet hat. Jedenfalls kann aber von einer falschen Deklaration nicht die Rede sein bei dem Chef eines Geschäftes mit vielen Angestellten, wo jeder entlassene Kommis oder jeder entlassene Kassenbote oder ein entlassener Diener, wenn der Chef einen solchen hat, oder eine entlassene Köchin eine Denunziation machen und den Mann, wenn auch nicht zu einer Verurteilung bringen, doch in sehr unbequeme Steuerprozesse verwickeln kann. Da ist es nahezu unmöglich. Möglich ist, und das ist bei anderen Kategorien der Fall, daß man nicht feststehende Werte zu niedrig schätzt. Bei einer zu niedrigen Schätzung kann man, wenn die Steuerbehörde es beanstandet, immerhin die eigene bona fides entgegensetzen. Wer aber Aktien oder Hypotheken oder Bankguthaben hat, und das nicht deklariert, der ist doch des dolus überwiesen, der kann sich doch in keiner Weise mehr entschuldigen und verteidigen. Also ich halte das für überflüssig. Aber der Reichstag hat die Sache ja autoritativer zu beantworten als wir. Wenn er es für notwendig hält, mag er es hineinschreiben, mag es meinetwegen auch verschärfen. Aber man muß sich nur nicht der Illusion hingeben, daß Deutschland dadurch eine gute Rolle spielt und dem Auslande mit dieser Vorlage, in deren Durchführung solche Strafbestimmungen für notwendig gehalten werden, irgendwie imponiert.

Ferner würde der Eindruck gewiß dadurch nicht verbessert werden, daß man sich nicht damit begnügt, die einmaligen Kosten der Wehrvorlage von den besitzenden Klassen in dieser würdigen Weise tragen zu lassen, daß man vielmehr den Wehrbeitrag von vornherein zu hoch bemißt in der Idee, daß er mehr als diese einmalige Kostenvorlage decken soll, und daß man dann den Ueberschuß für irgendwelche Lieblingszwecke oder für Deckung von etatsmäßigen Defizits verwenden soll oder sogar für Schuldentilgung. Das ist doch eine Blamage vor dem Ausland. (Sehr wahr!) Wer es für notwendig hält, durch solche anormalen Maßregeln Schulden zu tilgen oder Defizits zu decken, der erklärt sich doch damit einigermaßen für bankrott. (Sehr richtig!) Also die Herren Reichstagsabgeordneten mögen sich doch einmal die Frage vorlegen, ob sie da, wenn sie etwaigen fiskalischen Wünschen entgegenkommen oder fiskalische Wünsche übertrumpfen, auf dem richtigen Wege sind. Ich halte es in erster Linie für erforderlich, daß der Wehrbeitrag in einer Höhe erhoben wird, die über die einmaligen Kosten der Wehrvorlage nicht hinausgeht.

Das Zweite, was ich für sehr wichtig halte, und was eine klare Stellungnahme des Centralverbandes notwendig macht, ist die Stellungnahme gegen die übertriebene Staffelung. Die Wehrvorlage der Regierung ging von einem gleichmäßigen Beitrage von ½ pCt. aus, das ist das Zehnfache der Miquelschen Ergänzungssteuer, und rechnete einen Betrag heraus, der zwar nicht eine Milliarde erreichte, aber doch nach dem Gutachten von Sachverständigen ziemlich nahe kam, und ich möchte, ohne mich überheben zu wollen, behaupten, daß es für diese Frage, wie hoch das deutsche Nationalvermögen in dem hier steuerpflichtig gemachten Umfange zu schätzen ist, doch vielleicht keine kompetenteren Sachverständigen gibt als die Leiter großer Banken. Herr von Gwinner, der an der Spitze der Deutschen Bank steht, hat mit guten Gründen ausgesprochen, daß der Betrag des steuerpflichtigen Vermögens in Deutschland auf weit über 200 Milliarden zu schätzen sei. Damit stimmt meine und meiner Kollegen Schätzung überein. Also 0,5 pCt. hätten ausgereicht.

Man kann doch nun auch nicht sagen, daß, wenn einer ein Vermögen von 50 000 M. hat und, wie ich allerdings für gerechtfertigt halte, hinzuzusetzen, ein Einkommen von 3000 M., eine Abgabe von 250 M., auf drei Jahre verteilt, eine unerträgliche Belastung wäre. Natürlich bringen die kleineren Vermögen, wenn sie herangezogen werden, in ihrer Masse mehr als die großen Einzelbeträge der Reichen. Was die Masse bedeutet, können Sie ja daraus ermessen, daß die Zehnpfennigbeiträge der Sozialdemokraten nach zuverlässiger und auch einigermaßen kontrollierbarer Berechnung eine Vermögensansammlung von 90 Millionen für die verschiedenen Zwecke ermöglicht haben. Das ist doch ein eklatanter Beweis dafür, was auch von kleinen Leuten ohne übermäßige Belastung aufgebracht werden kann. Daß im Reichstage das Bedürfnis vorliegt, den Kreis der Wähler, die für die Leistungen des Abgeordneten eine gewisse Dankbarkeit empfinden, so weit wie möglich zu erweitern, begreife ich (Heiterkeit) aus dem allgemeinen Wahlrecht, dessen Konsequenzen sich ja erst jetzt nach 40 Jahren ergeben, wo der Wähler eingesehen hat, was er mit seinem Wahlzettel für eine Macht hat, und wo er nun mit seinem Wahlzettel kommt und panem et circenses verlangt. Das ist erst in den allerneuesten Jahren so recht zum Bewußtsein gekommen. Das führt naturgemäß zu einer gewissen Demoralisation der Gesetzgebung, auch der Steuergesetzgebung, und man muß sich ja mit den Tatsachen abfinden und in gewissen Grenzen sich das gefallen lassen. Ich finde aber, auch die Herren Reichstagsabgeordneten, und zwar leider auch die Vertreter der uns am nächsten stehenden Parteien gehen in der Rücksichtnahme auf Stimmungen der Wähler und vermutete Stimmungen der Wähler viel zu weit, und die Herren Reichstagsabgeordneten mögen es mir nicht übel nehmen, wenn ich sage, daß sie vielleicht die Steuerscheu ihrer Wähler zu hoch taxieren und es dreist riskieren könnten, ihren Wählern, wo hier von einer freiwilligen Opfergabe die Rede ist, etwas mehr zuzumuten. (Sehr richtig!) In dem Eifer, den Beifall der Wähler in immer größerem Umfange zu gewinnen, gehen sie meines Erachtens entschieden zu weit.

Daß man nun, wenn man das Bedürfnis hat, aus Popularitätsrücksichten die Degression sehr kräftig zu machen, natürlich zu einer übertriebenen Progression den hohen Einkommen gegenüber schreitet, ist die natürliche Konsequenz. Wenn man aber von den großen Vermögen 1 ½ pCt. verlangt, so muß man sich darüber klar sein, daß ein großes Vermögen sich naturgemäß durchschnittlich niedriger verzinst als ein kleines (sehr richtig!), und mir selbst sind sehr reiche Leute bekannt, die Verständnis für kommerzielle Dinge haben und mit guter Auswahl auch Aktien besitzen oder sich bei industriellen oder geschäftlichen Unternehmungen beteiligt haben, die aber andererseits vermöge ihres großen Vermögens doch einen berechtigten Anspruch auf einen gewissen Luxus haben. Man kann es doch einem, der das Vermögen dazu hat, nicht verargen, wenn er sich Schlösser und Villen hält oder sich vielleicht, wenn er Jäger ist, den Besitz von Jagdgründen leistet, die unrentabel sind; aber mir sind Fälle bekannt, wo solche Personen insgesamt nicht mehr als 3 bis 3 ½ pCt. von ihrem Vermögen erzielen. Danach kommt man bei der Progression der Vermögensabgabe bis 1 ½ pCt. auf 33 ⅓ bis 50 pCt. der Jahreseinnahme. Nun, das ist denn doch schließlich schon eine Art Konfiskation.

Also ich meine, wenn ich schon allen diesen Gesichtspunkten aus praktischen Gründen Rechnung trage und sage, man muß sich hier schon etwas gefallen lassen, denn es rast der See und will sein Opfer haben (Heiterkeit), so müßte doch bei 1 pCt. Halt gemacht werden. Denn wo ist die Grenze? Auch Herr Miquel hat, als er die Bedenken gegen die Ergänzungssteuer widerlegte, feierlich erklärt, es handele sich ja nur um eine Ergänzungssteuer, um eine notwendige Kontrolle für die Richtigkeit der Einkommen-Steuerdeklaration, deshalb müßte man das Vermögen wissen, und 1/2 pro Mille wäre doch nicht die Welt: Nein, das ist auch nicht die Welt, und die 2/3 pro Mille, die inzwischen daraus geworden sind, sind auch nicht die Welt.

Aber 1 pCt. ist doch etwas ganz anderes, und es wird hiermit eine Proskriptionsliste für die Zukunft aufgestellt, wonach jedermann weiß, was aus dem Vermögen herauszuholen ist, und wenn der Staatssekretär Kühn heilige Eide schwört: es soll nur einmal sein, es soll sich nicht wiederholen, so mag er optima fide das heute sagen, aber ich lege meine Hand ins Feuer: das ist der Anfang von Wiederholungen (sehr richtig!), und wenn ich mir vorstelle, daß wir einen Krieg haben sollten, so würde das das erste sein, was ein Schatzsekretär, schon um seinen Grips nicht weiter anzustrengen (Heiterkeit), in der ersten Minute vorschlüge: wir machen wieder einmal eine Kriegsabgabe und legen sie auf das Vermögen. Also daß sich das wiederholen wird, ist ja ganz klar.

Der dritte Punkt, und nach meinem Dafürhalten der allerwichtigste und der allerkrasseste ist der Versuch, die Jahreseinkommen aus Arbeit zu multiplizieren und zu fingieren, daß das Vermögen sei. (Sehr wahr!) Ich muß sagen, ich habe von der Neigung des Reichstages, die vermögenden Klassen zu belasten, und von der geringen Widerstandsfähigkeit auch unserer Vertreter in den bürgerlichen Parteien schon lange eine sehr pessimistische Meinung gehabt (Heiterkeit); aber daß das möglich wäre, hatte ich mir nicht träumen lassen. Bisher habe ich immer den Grundsatz gehört: das fundierte Einkommen und das Einkommen aus fundiertem Vermögen ist steuerkräftiger und steuerpflichtiger als das Arbeitseinkommen. (Sehr richtig!) Daß man nun den Spieß umdreht und fingiert, ein Jahreseinkommen sei, mit zehn multipliziert, Vermögen, geht über meine Begriffe von dem bei seriöser Erörterung solcher Fragen Zulässigen.

Ich habe mir daraufhin auch einmal die Regierungsvorlage in den Punkten angesehen, die nach den mir vorliegenden Berichten in der Budgetkommission unverändert geblieben sind, — wenn ich mich darin irre, bitte ich, mich zu berichtigen. Die Vorlage enthält eine Bestimmung in § 22: Der Wert von Renten oder anderen auf die Lebenszeit einer Person beschränkten Nutzungen und Leistungen bestimmt sich nach dem Lebensalter der Person, mit deren Tode das Recht erlischt.

Als Wert wird angenommen bei einem Alter:

(1. bis 5.)

6. von mehr als 55 bis zu 65 Jahren das $8^1/_2$fache
7. „ „ „ 65 „ „ 75 „ „ 5fache
8. „ „ „ 75 „ „ 80 „ „ 3 „
9. „ „ „ 80 Jahren „ 2 „

des Wertes der einjährigen Nutzung.

Eine für die ganze Lebenszeit in unveränderter Höhe sichergestellte Rente wird also, wenn der Berechtigte 55 bis 65 Jahre alt ist, mit $8^1/_2$, wenn er 65 bis 75 Jahre alt ist, mit 5, wenn er 75 bis 80 Jahre alt ist, mit 3 multipliziert bzw. kapitalisiert. Das von einem Manne von 66 Jahren im Jahre 1913 aus gewerblicher Tätigkeit oder ärztlicher Praxis oder Tantiemen einmal erzielte Jahreseinkommen von beispielsweise 300000 M., dessen Wiederholung in künftigen Jahren jedenfalls unsicher, keinesfalls aber für eine längere Reihe von Jahren wahrscheinlich ist, soll für den Wehrbeitrag als mit 12 multipliziertes Vermögen fingiert werden.

Ich will ja nicht behaupten, daß alle, die in hochdotierte Stellen berufen werden, ausnahmslos zu den Würdigsten, die überhaupt zur Wahl gestanden hätten, gehören; aber im großen ganzen wird man doch annehmen müssen, daß die Leute, die ein hohes Jahreseinkommen durch Arbeit beziehen, die tüchtigsten Elemente in unserem Wirtschaftsleben sind. Aber ehe einer zu dem wirklich hohen Jahreseinkommen gelangt, geht es doch in allen Berufen so, daß er meist über die erste Hälfte der vierzig hinaus ist. In diesem Alter stehen ungefähr die Direktoren unserer großen Industriegesellschaften, stehen besonders die Chefs der erfolgreichen Industrieunternehmungen und Handelshäuser, natürlich soweit sie nicht durch Erbschaft in jüngeren Jahren dazu gekommen sind. Nun fragt es sich, wie lange hält denn ein Mann in diesem hohen Einkommen und bei der Leistung, die dazu erforderlich ist, aus. Sie haben zwar gehört, ich glaube von einem Reichstagsabgeordneten, man müsse die Leute mit leichten Gewinnen besteuern. (Heiterkeit.) Ich weiß nicht, wie er sich das vorstellt. Glaubt er etwa, daß die Leute, die ein höheres Einkommen haben, es aus spekulativen Geschäften haben, es durch Spekulation erworben haben? Das widerspricht allen Erfahrungen, die man gerade im Bankwesen machen kann. Ich kenne niemand, der durch fortdauerndes Spekulieren etwas erworben hat; dagegen kenne ich viele, die ihr Vermögen durch fortgesetztes Spekulieren verloren haben. (Lebhafte Zustimmung.) Man kann einmal eine gute Spekulation machen, und wenn man das in jungen Jahren macht, ist es ein Unglück, man glaubt dann, das ginge so weiter. (Heiterkeit.) Aber daß die reguläre Möglichkeit, ein Vermögen zu erwerben und zu erhalten, darin besteht, daß man weniger ausgibt als man einnimmt, wobei man natürlich bemüht ist, möglichst viel einzunehmen, das ist eine Tatsache, die hier in diesem Kreise wohl nicht bestritten werden wird. Wenn nun jemand in ein hohes Jahreseinkommen kommt, so wird er doch zunächst bemüht sein, so viel zu ersparen, daß er sich für den Fall der Erkrankung oder der Arbeitsunfähigkeit oder der Kündigung seines Postens einigermaßen in seiner Zukunft sicherstellt. Hat er dieses Vermögen erworben, so ist er ja nach der Wehrvorlage als Inhaber eines Vermögens steuerpflichtig. Wenn er aber an die Sechzig kommt, so wird die Frage entstehen, ob er seiner Gesundheit und seiner geistigen Kraft die Fortsetzung einer solchen angestrengten Tätigkeit weiter zumuten kann, oder ob er sich zurückzieht. Einige sind ja vielleicht in der glücklichen Lage, als Chef eines vielgliedrigen Direktoriums sich eine Herabminderung der täglichen Arbeitszeit zu erlauben und doch an der Spitze zu bleiben. Aber das sind seltene Ausnahmefälle. Ich kenne beispielsweise die Direktoren der hiesigen Großbanken wohl alle persönlich, und es sind darunter nur vier, die über sechzig sind, zu denen gehöre ich. Sie sehen, trotz des hohen Einkommens, trotz der großen Verführung, dieses Einkommen sich so lange wie möglich zu sichern, ist doch das Gros vor dieser Zeit, vor Erreichung dieser Altersstufe entweder notgedrungen ausgeschieden wegen Gesundheits- oder sonstiger Rücksichten oder hat freiwillig das Zepter niedergelegt.

Nun, das Alter zwischen 55 und 65 Jahren ist sicher doch dasjenige, in dem die Einkommen am größten zu sein pflegen, und zu den Kategorien, die große Einkommen haben, gehören doch nun nicht bloß die Bankdirektoren, denn da würde ich vermuten, daß selbst im hiesigen Kreise kein großes Unglück darin erblickt wird, wenn diese recht scharf angefaßt werden (Heiterkeit), es gehören auch natürlich nicht bloß die paar Dutzend Leute dazu, die aus einer großen Zahl von Aufsichtsratsstellen ein hohes Einkommen beziehen — das lohnt sich auch für den Steuerfiskus nicht —, es gehören nicht bloß dazu die wenigen hervorragenden Advokaten und Aerzte, die eine Praxis haben, die in die Hunderttausende geht. Ich kenne die deutschen Advokaten, soweit sie einen Ruf für Handelssachen haben, ziemlich genau, und ich glaube nicht, daß Sie, Berlin, Frankfurt, Hamburg, Bremen, München und Stuttgart eingeschlossen, ein Dutzend herausbringen, bei denen ein Einkommen von einer drittel Million aus der Praxis zu rechnen wäre, und unter den berühmten Aerzten wüßte ich auch nicht mehr als ein Dutzend. Neuerdings gehören zu den Leuten mit großen Einkommen auch Dichter (sehr richtig!), und zwar nicht die hervorragenden lyrischen, epischen, dramatischen Dichter, sondern diejenigen, die für das große Publikum zu schreiben verstehen. (Landtagsabgeordneter Dr. Beumer: Für die Kinos!) Ich habe einen dieser Dichter persönlich gekannt. Er gehörte zu den Kunden der Dresdner Bank, er hatte einmal ein Stück geschrieben, das ein paar hundertmal aufgeführt wurde, und er war imstande, bei der Dresdner Bank ein Guthaben von 320 000 M. aus zweijährigen Tantiemen anzusammeln. Seitdem ist ihm nichts wieder eingefallen (Heiterkeit), er hat nicht wieder ein solches Stück fertig gebracht; dagegen hat er in den folgenden zehn Jahren bis zu seinem Tode die 320 000 M. aufgebraucht. Ja, meine Herren, wenn er im Jahre 1913 dieses Stück geschrieben hätte, so würde er nach dem Beschlusse der Budgetkommission ein fingiertes Vermögen von 12 × 320 000 M. gehabt haben, das ist eine Summe von beinahe vier Millionen und er würde danach besteuert worden sein. Wenn ein Arzt, der im Alter von 75 Jahren steht und noch praktiziert — und das war bei einigen berühmten Chirurgen der Fall, Langenbeck, glaube ich, hat noch mit 75 Jahren praktiziert, und ich glaube, Bergmann war nahe an 75 Jahre, als er starb oder jedenfalls über 70 —, wenn Bergmann nun mit seinem Jahreseinkommen im Jahre 1913, wenn er noch lebte, besteuert würde, wenn er im nächsten Jahre tot oder nicht mehr arbeitsfähig wäre, so wäre das doch eine Ungerechtigkeit. Daß aber unter den Inhabern von großen Einkommen, die hiernach multipliziert werden sollen, ein erheblicher Teil im Jahre 1914 oder 1915 sterben wird, ist ja außer aller Frage, das ist ja schon nach den Tabellen der Lebensversicherungsgesellschaften eine an Sicherheit grenzende Wahrscheinlichkeit. Daß denen also hier ein Unrecht widerfährt, das nicht wieder gut zu machen ist, liegt ja klar auf der Hand.

Sie hören, es ist auch von hohen Beamten die Rede, die hier von dieser Bestimmung mit betroffen werden und sich fügen. Ja nun, ein hoher Beamter kann kaum seinen Widerspruch, wenn er ihn innerlich fühlt, äußerlich geltend machen, ohne sich unliebsam zu machen. Aber daß unter diesen Beamten im Jahre 1914 oder 1915 auch so und so viele pensioniert werden, so und so viele sterben werden, liegt doch auch ganz klar auf der Hand.

Aber hier ist mir die Hauptsache die Prinzipienfrage: soll die Demoralisation unserer Gesetzgebung wirklich soweit gehen, daß man mit Fiktionen arbeitet? Die Steuer soll sich doch an Tatsachen knüpfen, die in der Wirklichkeit vorhanden sind, und nicht an Fiktionen. Das hat angefangen mit der Tantiemensteuer. Das gebe ich ohne weiteres zu: die Tantiemen der Aufsichtsräte werden etwas leichter verdient als andere Einnahmen, und wenn jemand in irgendeinem Stadium vorgeschlagen hätte, eine besondere Einkommensteuer dafür zu erheben, oder einen besonderen Zuschlag zu erheben, so, glaube ich, würden die Betreffenden selbst kaum einen Widerspruch dagegen erhoben haben. Dagegen hat man — das ist die erste Fiktion, die ich wenigstens erlebt habe — gesagt, das ist eine Stempelsteuer; nämlich die Aktiengesellschaften werden verpflichtet, eine Aufstellung über die Tantiemenbezüge zu machen, und diese Aufstellung wird mit einer Stempelsteuer von 8 pCt. des darin enthaltenen Gesamteinkommens belegt. Das Reichsgericht hat, trotzdem verschiedene Reichstagsabgeordnete und die Regierung im Reichstage erklärt haben, das sei eine Stempelsteuer, gesagt, das wäre falsch. Es ist, glaube ich, ein Minister, der das erklärt hat, daß er das auch für eine Stempelsteuer erachtet habe. Das Reichsgericht hat entschieden, ja, auch der Reichstag kann schwarz nicht weiß machen, die Tantiemensteuer ist eine Einkommensteuer, und mag da zehnmal erklärt worden sein, es ist eine Stempelsteuer.

Nachdem man sich einmal an die Fiktion gewöhnt hatte, hat man beim Wertzuwachssteuergesetz weitere Fiktionen für richtig gehalten, und, meine Herren, nachdem man den unverdienten Wertzuwachs als die Grundlage des Besteuerungsrechts in den Vordergrund gestellt hat, hat man, weil es nicht zu unterscheiden sei, auch den verdienten Zuwachs als einen unverdienten fingiert, ja man hat sogar den Zuwachs überhaupt fingiert, indem man die anrechnungsfähigen Gestehungskosten niedriger, als sie in Wirklichkeit sind, als anrechnungsfähig nur erklärt hat, so daß man also, was niemand zuwächst, auch als steuerpflichtig erklärt hat.

Nun geht man soweit, daß man Jahreseinkommen multipliziert und zum Vermögen stempelt und danach als Vermögen besteuert, und hier, meine ich, muß man wirklich Halt gebieten. Wenn das so weiter fortschreitet, dann ist man seines Eigentums und seines Lebens nicht mehr sicher. (Sehr richtig!) Denn ich wüßte wirklich nicht, wie man künftig den Sozialdemokraten einmal die Möglichkeit bestreiten könnte, auf Grund einer Fiktion nun ein Mehrfaches der heutigen Steuer zu fordern. Jedenfalls wären die Angehörigen der bürgerlichen Parteien, die jetzt dafür stimmen, nicht legitimiert, dagegen grundsätzlichen Widerspruch zu erheben. (Zustimmung.)

Ich glaube, daß diese Ausführungen ziemlich genügen, und daß insbesondere die Unstimmigkeit des Beschlusses mit den Bestimmungen über den Wert von Renten doch von keiner Seite wird verteidigt werden können.

Nun sind mir folgende zwei Einwendungen noch begegnet. Erstens ist mir von einem hervorragenden Parlamentarier, auch den bürgerlichen Parteien angehörend, auf die Deduktionen, die ich bei einer anderen Gelegenheit auch im heutigen Sinne gemacht habe, erwidert worden: Sie haben ja in allen Punkten Recht, nur in dem einen nicht, daß die Gerechtigkeit der Steuer bei einer einmaligen Abgabe ein Erfordernis sei; im Gegenteil ist die Ungerechtigkeit dieser einmaligen Abgabe gerade ein Vorzug in dem Sinne, daß damit die Erhebung einer solchen oder einer ähnlichen Abgabe oder einer Vermögenssteuerabgabe als dauernde Einrichtung verhütet wird. (Heiterkeit.) Ich war sehr verblüfft. Aber noch verblüffter war ich, als ich neulich auf der Eisenbahn auch von einem hervorragenden namhaften Abgeordneten, der einer anderen Partei angehört, aber auch den bürgerlichen Parteien, ungefähr dasselbe gehört habe. Ich werde Herrn Geheimrat Kirdorf nachher einmal den Namen nennen, mit Rücksicht darauf, daß er ganz in seiner Nähe ist. Ja, wenn das als Prinzip der Gesetzgebung proklamiert wird, daß man sich auch an Ungerechtigkeiten nicht stoßen darf, dann weiß ich allerdings nicht, wohin die Reise gehen soll.

Dann ist mir vor wenigen Tagen von einem Mitgliede des Bundesrates gesagt worden, zur Entschuldigung des Verfahrens der Budgetkommission, daß sie diese Multiplikation anwendet und fingierte Vermögen schafft: ja, Sie wissen ja gar nicht, mit welchen Schwierigkeiten das Reichsschatzamt zu kämpfen hat wegen der Stellungnahme der verbündeten Regierungen, die unter keinen Umständen eine Besteuerung des Einkommens durch das Reich zulassen wollen, die sich mit der einmaligen Vermögensabgabe zwar abgefunden haben, aber mit einer einmaligen Besteuerung des Einkommens unter keinen Umständen sich befreunden können. Ja, habe ich gesagt, sind die verbündeten Regierungen so einzuschätzen, daß, wenn man ihnen einen Storch vorführt und dem ein Bärenfell umhängt, sie sich einreden lassen, das sei ein Bär? (Heiterkeit.) Wenn jemand multipliziert und fingiert, aber gleichzeitig hinzufügt, das Einkommen ist von den Bundesstaaten nach landesgesetzlich zu erlassenden Bestimmungen einzuschätzen, — daß die Leute dann noch irgendjemand und sich selber einreden können, es sei keine Einkommenbesteuerung, ich meine, so niedrig habe ich wirklich bisher Vertreter von Staaten und Parlamentsmitglieder nicht eingeschätzt.

Ich habe vor, unter vollständiger Zustimmung zu der Resolution, die das Direktorium hier zu Punkt 2 der Tagesordnung eingereicht hat, zu Punkt 3 bestimmte Resolutionen vorzuschlagen, und zwar in drei Punkten, und ich hebe hervor, ich habe mich bemüht, während ich hier ja vielleicht nach Ansicht von einigen Herren scharfe Ausdrücke gebraucht habe, mich in durchaus maßvoller Weise auszudrücken.

„Der Centralverband Deutscher Industrieller hält:

1. die Einziehung eines einmaligen Wehrbeitrages vom Vermögen bzw. Einkommen in einer Höhe, welche den Bedarf der einmaligen Kosten der Heeresverstärkung übersteigt, für politisch und wirtschaftlich bedenklich, insbesondere die Verwendung eines darüber hinausgehenden Betrages zur Deckung eines etatsmäßigen Defizits oder gar zur Schuldentilgung für ungerechtfertigt. Ein etwa bei Einziehung des Beitrages sich ergebender Mehrbetrag muß zur Ermäßigung der zweiten und dritten Rate dienen;

2. eine Steigerung der Beitragsstaffel über höchstens 1 pCt. des effektiv veranlagten Vermögens und über eventuell ergänzungsweise heranzuziehende 4 pCt. des Jahreseinkommens aus gewinnbringender Beschäftigung für unzulässig und konfiskatorisch."

Ich bemerke, daß bei den hohen Einkommen, bei 300 000 M. Jahreseinkommen sich die Heranziehung des Vermögens auf 18 pCt. des Jahreseinkommens beziffert, denn wenn man 300 000 M. mit 12 multipliziert, also ein Vermögen mit 3 600 000 M. erhält und $1\frac{1}{2}$ pCt. davon berechnet, so sind das 54 000 M., und es steigert sich im einzelnen Falle noch höher.

„3. eine fiktive Umwandlung des unfundierten Jahreseinkommens in ein durch willkürliche Multiplikation konstruiertes steuerpflichtiges Vermögen für eine grundsätzlich verfehlte und einseitige Belastung der Erwerbstätigkeit und betrachtet ein gesetzgeberisches Vorgehen in dieser Richtung als den verhängnisvollen Anfang einer Umwälzung der bestehenden, auf das Privateigentum aufgebauten Wirtschaftsordnung."

(Lebhafte Zustimmung und Beifall.)

Ich gebe mich nicht der Illusion hin, daß wir sehr viel mit unserer Stellungnahme bewirken werden, denn ich muß mir sagen, wir und unsere Berufsgenossen, die Leute, die hier sich beschwert fühlen, sind eine kleine Minorität, die in keinem Wahlkreise über Wahlstimmen verfügt, die für das Resultat ausschlaggebend sein könnten. Also wir sind eine quantité négligeable in politischer Beziehung, soweit nicht das Urteil als das von sachverständigen erfahrenen Leuten bei denjenigen Instanzen gewürdigt wird, die über unser Schicksal zu verfügen haben. Aber ich glaube nicht, daß wir uns überheben, wenn wir unter den 4400 Zensiten mit über 100 000 M. Jahreseinkommen in Preußen, also einer entsprechenden noch nicht ermittelten Zahl in Deutschland, doch die gegebenen Führer unserer ganzen wirtschaftlichen Entwickelung in allen Branchen des Handels und der Industrie erblicken.

Zu der Entwickelung, die wir seit 1870 durchgemacht haben, hat ein unverwüstlicher Optimismus gehört, ein Optimismus, der Krisen überwunden hat und Schwierigkeiten überwunden hat, der es auch überwunden hat, wenn links und rechts die Leichen lagen. Aber solche Erfahrungen, eine solche ungerechte Behandlung seitens der politischen Machtfaktoren muß notgedrungen eine tiefgehende Verstimmung und einen Pessimismus herbeiführen. (Sehr richtig!) Denn wer soll den Mut haben, jetzt in weitsichtigen Unternehmungen sein Vermögen anzulegen, wenn er mit der Gefahr rechnen muß, daß zu der Zeit, wenn dieses Unternehmen rentabel gemacht ist, ihm ein Teil des Gewinnes und des Vermögenszuwachses weggenommen wird! (Sehr richtig!) Greift einmal bei uns ein Pessimismus Platz, dann ist es aus mit unserem Aufschwunge. (Sehr richtig!) Dann werden die Milliarden, die jetzt unserem Nationalvermögen zugeflossen sind, ihm geringer zufließen, und wer den Nachteil haben wird, wird der Staat sein und gerade auch der Steuerfiskus, der wird etwas erleben an Rückgang von Gewerbesteuer, von Einkommensteuer und von Vermögenssteuer!

Ich weiß nicht, der zweite Herr Referent, oder war es der erste, hat mit Recht darauf hingewiesen, daß gute Politik darin besteht, daß man in die ferne Zukunft voraussieht und nicht momentaner Vorteile wegen Prinzipien preisgibt. Ich halte für kurzsichtig die Politik unserer landwirtschaftlichen Freunde, mit denen zusammenzugehen gerade für den Centralverband Jahrzehnte eine Freude und eine Pflicht in Wahrnehmung der eigenen Interessen war. Ich warne Sie, sich etwa jetzt vorzustellen, daß man das Privateigentum an landwirtschaftlichem Grundbesitz schützen könne, wenn man das mobile Kapital den Hunden vorwirft. (Langanhaltender, lebhafter Beifall.)

Reichstags- und Landtagsabgeordneter Freiherr **von Gamp-Massaunen**: Meine Herren, ich kann meinem langjährigen politischen Freunde und Mitarbeiter im Reichstage, dem früheren Kollegen Müller versichern, daß auch viele von uns die ernsten Sorgen und die großen Befürchtungen teilen, die er hier ausgesprochen hat. Man kann Reichstagsabgeordneter sein und doch ebenfalls mit Sorge in die

Zukunft blicken. Ich bedaure es aufrichtig, daß Herr Müller nicht jetzt auch noch im Reichstage ist. (Geheimer Oberfinanzrat Müller: Weil ich keinen Wahlkreis habe!) Ich glaube, seine Rede würde doch etwas anders gelautet haben. Wenn man weiß, daß man keinen solchen Resonanzboden hat, wie er ihn hier hat, dann ist man auch in der Wahl der Ausdrücke etwas vorsichtiger.

Der frühere Kollege Müller hat wiederholt mit manchen unfreundlichen Worten der Reichstagsabgeordneten ganz allgemein gedacht. Ich hätte gewünscht, daß er sich vorher darüber vergewissert hätte, welche Stellung meine politischen Freunde in dieser Frage eingenommen haben. Er würde dann doch seine Vorwürfe wenigstens uns gegenüber wesentlich haben einschränken müssen; er würde genötigt sein, eine Ausnahme zu unseren Gunsten zu machen, was er hier nicht getan hat, und das ist doch ein großes Unrecht. Ich meine, ein solch hervorragender Mann muß, wenn er in dieser Weise über die Reichstagsabgeordneten spricht, sich über die Stellungnahme der einzelnen Parteien aus den stenographischen Berichten informieren.

Herr Müller sagte: bei den Vorschlägen der Kommission ist man seines Vermögens nicht mehr sicher. Ich teile diese Befürchtung vollständig. Uns treffen aber diese Vorwürfe nicht, denn in unserer Partei ist kein einziger, der solche Extravaganzen, wie sie in den Vorschlägen der Kommission enthalten sind, billigt. Wir sind noch nicht einmal so weit gegangen wie Herr Müller, der 1 pCt. als Wehrbeitrag konzediert hat. Wenn ich mich recht erinnere, waren wir nur geneigt, bis etwa 0,8 pCt. zu gehen. Aber nachdem Sie uns hier selbst gesagt haben, Sie würden bis 1 pCt. gehen, würde ich mein Gewissen nicht dadurch belastet fühlen, daß auch ich 1 pCt. bewillige.

Meine Herren, der zweite Punkt ist der — und da kann ich nun allerdings mit Herrn Müller nicht übereinstimmen —, daß das Einkommen überhaupt von jeder Steuer frei bleiben soll. Ich würde das für eine große Unbilligkeit halten. Herr Müller hat die eigentümliche Konstruktion scharf zurückgewiesen, in der die Besteuerung des Einkommens erfolgen soll; darin hat er natürlich vollständig recht. Es ist eine steuerliche Ungeheuerlichkeit, das Einkommen zu kapitalisieren und den Wehrbeitrag von dem kapitalisierten Einkommen zu erheben. Aber in keinem Falle kann ich es für unbillig halten, wenn man bei der Heranziehung des Vermögens bis zu 20 000 M. geht, daß dann Leute, die 20 000, 30 000 M. Einkommen in einem Jahre haben, nicht auch für diesen Zweck einen einmaligen Beitrag zahlen sollen. Ich würde es im Gegenteil für eine Ungerechtigkeit halten, wenn man bis zu 20 000 M. Vermögen herunterginge in der Besteuerung und daß Leute, die aus Aufsichtsratsstellungen vielleicht 100 000 M. Einkommen haben, gar keinen Pfennig Steuer von diesem Einkommen zahlen sollen. Ich habe dem Centralverband ja nicht zu raten, aber mich würde ein Beschluß befremden, der dahin ginge, alle Leute, auch mit den höchsten Einkommen, von der Belastung frei zu lassen. (Zuruf: Soll ja auch gar nicht geschehen!) Ja, beantragt ist es hier. (Geheimer Oberfinanzrat Müller: Nein, 4 pCt. des Einkommens!) Dann gehen Sie in der Besteuerung derjenigen, die ein großes Vermögen außer ihrem Einkommen zu versteuern haben, noch weiter als die Budgetkommission gegangen ist. Man wird also mit positiven Vorschlägen sehr vorsichtig sein müssen.

Herr Direktor Müller hat eine ganze Reihe von Vorwürfen gegen die Reichsgesetzgebung erhoben. Ich kann ihm in vielen Beziehungen recht geben; aber, meine Herren, wenn er die Wertzuwachssteuer so schlecht macht, so muß ich doch darauf hinweisen, daß sie doch keine Erfindung des Reiches ist. Zahlreiche Gemeinden haben diese Steuer lange vorher gehabt und einer der Hauptbefürworter derselben war der Oberbürgermeister aus Hagen. Nun, meine Herren, wenn eine solche Persönlichkeit, die so lange in der Praxis gestanden hat, die große Erfahrungen besitzt und die Sache beurteilen kann, wenn eine solche Persönlichkeit, nicht bloß notgedrungen wie wir, für die Wertzuwachssteuer eingetreten ist, sondern mit heller Begeisterung, dann kann man uns doch nicht solche Vorwürfe machen!

Meine Herren, Herr Direktor Müller hat gegen die Besteuerung des Einkommens den Einwand erhoben, daß, wenn ein Mann mit hohem Einkommen stirbt, die Witwe nichts hat; das ist doch aber kein Grund, von einer Besteuerung des Einkommens abzusehen.

Ich habe mich für verpflichtet gehalten, hier festzustellen, daß auch meine Partei wegen der Entwickelung unserer Reichsfinanzen in hohem Grade besorgt ist, daß auch wir das Prinzip der indirekten Besteuerung für das Reich durchaus nicht aufgeben können und wollen, und daß wir auch natürlich im Reichstage, soweit es in unseren Kräften liegt, für unsere Ansichten eintreten. Sorgen Sie nur dafür, meine Herren, daß erheblich mehr Leute in den Reichstag kommen, die unsere Ansichten teilen, dann wird die Sache besser werden. (Heiterer Beifall.)

Geheimer Oberfinanzrat **Müller**-Berlin: Ich wollte nur zwei Punkte richtig stellen. Ich habe nicht für die Freilassung des Einkommens plädiert, sondern ich habe zugegeben, daß, wenn jemand ein höheres Einkommen hat und ein entsprechend geringeres Vermögen, er außer der auf sein Vermögen fallenden Steuer bis zu 2 pCt. seines Einkommens zu steuern hat, wie es die Regierungsvorlage vorschlug. Damit war ich einverstanden.

Ob ich zu weit gegangen bin, wenn ich 4 pCt. des Einkommens aus Arbeitsverdienst als zulässige Steuer bezeichnet habe, möchte ich dahingestellt sein lassen. Wenn ich zu dem Beispiel des Freiherrn von Gamp ein paar Worte sagen darf, so gibt es Fälle, wo jemand 47 000 M. Aufsichtsratstantiemen hat, ohne dafür noch eine Einkommensteuer als Wehrbeitrag entrichten zu müssen, nämlich wenn er einen anderen Teil seines Vermögens in Grundbesitz angelegt und von seinem Grundbesitz weniger als 5 pCt. Einkommen deklariert hat, und ich bin überzeugt, daß, wenn Herr Freiherr von Gamp auch ein noch so vorzüglicher Landwirt im Laufe der Jahre geworden ist, er doch nicht in der Lage sein wird, 5 pCt. seines im Grundbesitz angelegten Vermögens zu erzielen. (Zustimmung des Abgeordneten Freiherrn von Gamp.) Das, was er weniger erzielt als 5 pCt., wird bei dem Umfange seines großen Vermögens, glaube ich, mehr sein als 47 000 M., infolgedessen bleibt er von dieser Zusatzsteuer frei. (Heiterkeit.) Aber es gibt leider unglückliche Menschen, die ein Arbeitseinkommen von mehr als 47 000 M. haben, und ich kenne sogar zwei hervorragend tüchtige Leute, die ein Einkommen von über 300 000 M. aus ihrer Arbeitstätigkeit haben. Diese beiden Leute haben kein Vermögen, sondern infolge unglücklicher Zufälle und Torheiten, die sie in der Vergangenheit begangen haben, Spekulieren, Bürgschaftleisten usw. haben sie eine sehr ansehnliche Schuldenlast, zu deren Abtragung sie eine Lebensversicherungspolice haben nehmen müssen, von der sie eine sehr hohe Prämie zahlen. Diese Lebensversicherungsausgabe ist nach unserer Steuergesetzgebung, soweit sie 600 M. übersteigt, nicht abzugsfähig. Folglich haben die Leute von diesen 300 000 M. Einkommen erstens die Schulden zu bezahlen, — die Zinsen sind schon abgezogen. Trotz der Zahlung der Schuldenzinsen haben sie noch 300 000 M. übrig. Die Lebensversicherungsprämie dürfen sie aber nicht abziehen. Denen wird nun hier fingiert ein Vermögen von 3 600 000 M. vorgerechnet und davon sollen sie 1 ½ pCt. oder 54 000 M. Vermögenssteuer zahlen. Jedenfalls ist keine Bestimmung in den Beschlüssen der Budgetkommission, die eine Abzugsfähigkeit von nachgewiesenen Schulden von dem fingierten Einkommen zuließe.

Direktor Dr. **Guggenheimer**-Augsburg: Meine sehr verehrten Herren! Es ist zweifellos große Versuchung gegeben, auf der Bahn fortzufahren, auf der Herr Geheimrat Müller begonnen hat, wenn ich auch von vornherein zugebe, daß es mir nicht möglich wäre, in solchen Ausführungen die Schädlichkeit der Steuer zu bekämpfen und so treffend mich dazu zu äußern. Aber, meine Herren, ich bin der Ueberzeugung, daß dieser Versuchung doch heute zum mindesten weiter widerstanden werden muß, damit noch einige praktische Fragen erörtert werden können, die meiner Auffassung nach gerade die Industrie und die die Industrie mit repräsentierenden Aktiengesellschaften interessieren. Wenn Sie darin mit mir einverstanden sind, so möchte ich auch der Versuchung widerstehen, die Frage aufzuwerfen, ob gerade der gegenwärtige Zeitpunkt, in dem die Industrie in eine nicht sehr rosige Zukunft blickt, sehr geeignet ist, eine derartige Abgabe von ihr in solcher Höhe zu erheben, wie dies beabsichtigt ist. Ich widerstehe dem um so mehr, als ich mit Herrn Geheimrat Müller der Ueberzeugung bin, daß uns alles das, was wir dazu sprechen und tun werden, eben in Erwägung der Tatsache, die auch er als Gründe für den geringen Nutzen derartiger Ausführungen angegeben hat, jetzt wenig helfen wird.

Was das Prinzip anbetrifft, so mag die Steuer ein in der Finanzpolitik vielleicht noch nie dagewesenes Ereignis sein, es mag Konfiskationen des Vermögens bilden, wenn man im Frieden vom Vermögen einfach eine Abgabe nimmt, aber, meine Herren, ob das begriffliche Konfiskation ist oder nicht — konfisziert wird in jedem Falle; damit müssen wir rechnen, wir müssen uns damit abfinden, und die Industrie hat sich in der letzten Zeit wahrlich daran gewöhnt, sich mit Tatsachen und Gesetzen abzufinden, die ihr mehr als schädlich waren und die sie, wenn so fortgefahren wird, einfach an den Rand des Unterganges bringen werden. Also abgefunden haben wir uns, weil wir uns abfinden müssen.

Wenn demgegenüber doch noch einiges hervorgehoben werden soll, so meine ich, muß zunächst betont werden, daß nach Möglichkeit krasse Ungerechtigkeiten bei der Auferlegung dieser Steuer zu vermeiden sind, daß man sie möglichst ausmerzen soll aus dem Entwurf dieses Gesetzes, wie er jetzt vorliegt, und weiter, daß man bei der Durchführung der Steuer Streitigkeiten und Unzuträglichkeiten vermeiden soll, welche — das lasse ich mir nicht nehmen, ich habe die Empfindung aus dem Auslande mitgebracht — den immerhin vorhandenen guten Eindruck, welchen die Bereitwilligkeit zur Tragung der Steuer und die Opferwilligkeit im Auslande hervorgerufen hat, zerstören.

Darüber, meine Herren, möchte ich doch keine Unklarheit lassen, daß, wenn die Durchführung dieser Steuer mit einer Unzahl von

Prozessen verbunden sein wird, wenn sie zu einer Menge von Schwierigkeiten führt, der immerhin bemerkenswerte Eindruck der Bereitwilligkeit zu der Steuer doch vollkommen aufgehoben wird. (Sehr richtig!)

Deshalb, meine Herren, verlange ich in allererster Linie Klarheit in dem Steuergesetz, unbedingte Klarheit, die vermeiden läßt, daß man sich dann immer mit den Behörden zu streiten hat, daß man in einer Unzahl von Prozessen die Steuer erst zur Feststellung bringt.

Ich verlange aber trotz der Ausführungen des Herrn Geheimrat Müller auch die Vermeidung der Doppelbesteuerung aus dem Gesichtspunkte, daß zweifellos das Ungerechteste, das existieren kann und das bei einer ungerechten Steuer nicht dadurch aufgehoben wird, daß sie selbst schon ungerecht ist, die Doppelbesteuerung ist.

Denn, meine Herren, wenn heute — ich beschränke mich jetzt zunächst auf die Besteuerung der Aktiengesellschaften — bei einer Aktiengesellschaft das Vermögen besteuert wird, sei es in Form des Ertragswertes, des Verkaufswertes oder wie immer und noch dazu das Einkommen aus der gleichen Aktie bei demjenigen besteuert wird, der im Besitze derselben ist, dann ist das meines Erachtens eben eine derartige Ungerechtigkeit, daß sie, wenn irgendwie vermeidbar, auch vermieden werden muß.

Es ist der Befürchtung Ausdruck gegeben worden, daß der Weg, der in der Kommission vorgeschlagen war, zu Unzuträglichkeiten führen würde und vor allem dazu, daß man dennoch beiden Teilen die Steuer auferlegen würde.

Ich kann das nicht einsehen. Ich kann nicht einsehen, warum nicht die Möglichkeit bestehen soll, daß der einzelne Fatierende — wozu natürlich nun auch solche Aktiengesellschaften, die Besitzer anderer Aktien sind, gehören würden — nicht die Aktien von Gesellschaften soll zum Abzug bringen können, die bereits besteuert worden sind.

Herr Geheimrat Müller führte dagegen an, daß jemand Besitzer der meisten Aktien einer Gesellschaft sein könnte. Ja, worin liegt denn da der Grund des Aergernisses? Er ist dann doch dadurch, daß er Besitzer der meisten Aktien der Gesellschaft ist, in der Besteuerung der Aktiengesellschaften auch am meisten betroffen, und wenn er eine Reihe von Aktien auf dasjenige, was sein Vermögen ist, in Abzug bringen kann, so kann doch darin eine Ungerechtigkeit nicht liegen; und wenn Herr Geheimrat Müller sich vorstellt, daß dadurch die Schikanen der Steuerbehörden ins endlose wachsen würden, so, glaube ich, daß er trotz seines Pessimismus immer noch eine zu optimistische Anschauung von der Steuerbehörde hat, wenn er glaubt, daß die Schikane noch weiter gehen kann, besonders in Fällen, in denen Industrielle und industrielle Unternehmungen zur Einschätzung gelangen.

Wenn es dahin kommen kann, daß Steuerbehörden bei Angabe der Fassion z. B. fragen, wie der Fatierende dazu käme, statt 6 im Vorjahre angegebene Aktien 10 in der Generalversammlung zu vertreten und er nachweisen muß, daß er sie für einen anderen zu vertreten gehabt hat, so ist es dagegen noch gar nichts, wenn der Fatierende nachweisen muß, daß er am 31. Dezember 1913 Aktien besessen hat, die bereits durch das Vermögen der Gesellschaft besteuert wurden, ein Nachweis, der übrigens aus den Depots der Bank leicht zu erbringen wäre.

Wir müssen versuchen, die Doppelbesteuerung unter allen Umständen zu vermeiden.

Die von dem Herrn Vorsitzenden in der verlesenen Erklärung vorgeschlagene Relation zwischen Aktienkapital und zwischen Ertragswert des Vermögens ist mir nicht ganz verständlich, und ich habe das nicht vollkommen begriffen, wie diese Relation geschaffen werden soll. Ich glaube aber, daß auf diesem Wege unter keinen Umständen die Doppelbesteuerung vermieden werden kann.

Nun fragt es sich aber weiter: was darf der Besteuerung zugrunde gelegt werden? In der Beziehung ist eine Reihe von Begriffen aufgestellt worden. Es sind deren vier: gemeiner Wert, Buchwert, Ertragswert und Börsenkurswert.

Meine Herren, ganz kurz: Der gemeine Wert, der Verkaufswert, ist als Grundlage für den Besitz industrieller Unternehmungen absolut unannehmbar. Zu welchen Schwierigkeiten die Einschätzung hier führen würde, welche Verfahren hier nötig wären, insbesondere bei dem Besitz von Aktiengesellschaften, brauche ich Ihnen nicht auszuführen.

Es besteht auch bei der Verschiedenheit der Einschätzungen meines Erachtens auf dem Gebiet volle Unsicherheit dafür, in welcher Weise die Einschätzung der Vermögen vorgenommen werden wird, vor allem ermangelt jeder Anhaltspunkt für einheitliche Einschätzung.

Was nun den Buchwert anbetrifft, für den Herr Geheimrat Müller eintritt, so weiß ich wirklich nicht, ob derselbe die Grundlage bilden soll. Er sprach auch von dem Bilanzwert, wobei er der Steuerbehörde das Recht geben wollte, nachzuprüfen, ob der Bilanzwert dem wirklichen entspricht unter Bindung an die Bestimmungen des Handelsgesetzbuches.

Es wird eine solche Befugnis von den Steuerbehörden — davon bin ich fest überzeugt — wie in allen diesen Fällen wieder ausgenutzt werden zu den weitgehendsten Beanstandungen, so daß eine Grundlage für die Besteuerung überhaupt nicht einheitlich vorhanden ist, und es wird auf Details eingegangen werden, noch weit über das hinaus, wie es bei der gewöhnlichen Gewerbesteuer heute erfolgt.

Ich möchte mich also für meine Person, so sehr es wünschenswert wäre, daß die in der Bilanz aufgestellten Werte die Grundlage der Besteuerung bilden — aber ohne ein Nachprüfungsrecht der Steuerbehörde —, dahin aussprechen, daß ich nicht glaube, daß dies akzeptiert werden wird, weil man dadurch den Einschätzungen der Gesellschaften selbst in einer den Steuerbehörden nicht genehmen und von ihnen nie zu verstehenden Weise folgen müßte.

Es bleibt demnach meines Erachtens nichts übrig, als nach dem Ertragswert zu besteuern, und ich kann die Einwendungen nicht für berechtigt finden, die dagegen erhoben werden; daß gerade diejenigen Gesellschaften es seien, die diese Art der Besteuerung suchen, die niedere Erträge haben, ist irrig.

Ich kann versichern, daß der Vorschlag, den Ertragswert, den Durchschnitt der Dividenden, zur Grundlage zu machen, von Gesellschaften mit ausgegangen ist, die ein recht anständiges Erträgnis abwerfen — ich habe darüber verschiedene Vertreter gehört —, und daß sie sich dem ganz gern unterwerfen. Warum? Weil dieses System Klarheit schafft, und weil gerade für die industriellen Gesellschaften die Klarheit das allerwichtigste und notwendigste ist.

Ich möchte dazu noch eins anführen.

Der Wert der Klarheit, die auf dem Gebiete gegeben wird, durch eine Einschätzung der Dividende wird meines Erachtens auch nicht dadurch aufgehoben, daß Gesellschaften existieren, welche tatsächlich kein Einkommen haben. Ich schließe mich da dem zweiten Herrn Referenten vollkommen an, daß hier tatsächlich ein ertragschaffendes Vermögen im Augenblick nicht gegeben ist. Es mögen z. B. Gebäude stehen, soviel nur immer wollen. Ein in einem industriellen Unternehmen stehendes Gebäude wird erst dann Wert besitzen, wenn die schaffende Kraft hineintritt, wenn durch das Mitwirken von fruchtbringender Arbeit aus dem Gebäude, aus dem Grundstück Einkommen ersprießt. Bis dahin ist es kein Objekt, das als Vermögen gelten könnte, das als solches besteuert werden dürfte.

Daß derartiger Besitz als Vermögen wirklich nicht zu rechnen ist, ergibt sich am besten daraus, daß den Pfandbriefbanken verboten ist, industrielle Anlagen mit Hypotheken zu beleihen. Es ergibt sich auch noch aus einer ganzen Reihe von Umständen, die hier anzuführen meines Erachtens wirklich zu weit führen würde in anbetracht der vorgeschrittenen Zeit.

Dagegen bin ich nicht der Meinung des Herrn Referenten, daß für solche Gesellschaften, deren Aktien an der Börse notiert werden, der Börsenwert für die Einschätzung maßgebend sein soll. Ich bin überzeugt, daß er in dieser Richtung auch die Stelle in dem Gesetzentwurf nicht richtig angeführt hat. Die von ihm angeführte Stelle bezieht sich keineswegs auf die Besteuerung der Aktiengesellschaften, sondern auf die Besteuerung von Aktien in den Händen von Dritten. Dort soll der Kurswert maßgebend für die Besteuerung sein.

Das ist der Inhalt des von ihm angeführten § 16, während bei § 12 nach dem Antrage des Zentrums durchweg der Ertragswert maßgebend sein soll. Ich bin also der Meinung, daß hier nicht etwa eine Lücke geschaffen werden soll in dem System, und daß, wenn der Ertragswert die Grundlage bilden soll, nicht eine geeignete Schätzung, nicht die Heranziehung des Kurswertes dieses ganze Prinzip wieder umstoßen soll.

Dann möchte ich eins betonen: Wenn Sie wirklich so hohe Bedenken gegen die Zugrundelegung des Ertragswertes und die Kapitalisierung desselben haben, dann kommt als eventuelles Mittel das in Betracht, was vom Herrn Vorsitzenden bereits erwähnt worden ist und was hierher wohl angenommen werden könnte, die eventuelle Schaffung einer Relation zwischen dem Ertragswert und dem Aktienkapital, das ja doch im Grunde genommen das Vermögen der Aktiengesellschaft bildet. Man würde also durch Kapitalisierung mit der Zahl 16²/₃ der durchschnittlichen Dividende der letzten drei Jahre beispielsweise das Kapital zunächst festsetzen — und nehmen wir an, es würde ein Kapital von 2 Millionen daraus erzielt —, dann das Aktienkapital dem gegenüber stellen und das Mittel aus beiden ziehen.

Dann würde man auch dem Einwand begegnen können, wenn er wirklich so viel Berechtigung haben sollte, daß ertragsunfähige Gesellschaften nichts abliefern; es würde sich dann so vollziehen, daß allerdings, wenn kein Ertrag vorhanden wäre, das Aktienkapital die zu besteuernde Grundlage allein geben würde, zur Hälfte gerechnet.

Meine Herren, endlich möchte ich mich ganz entschieden gegen die Staffelung bei der Besteuerung der Aktiengesellschaften wenden. Wer jemals einen Leitfaden der Nationalökonomie studiert hat, hat gelesen, was die Gründe für eine progressive Steuer bilden: erhöhte Leistungsfähigkeit des ein höheres Einkommen Besitzenden. Das hat man schon auf der Universität als Leitsatz gehört, und wenn bei der Prüfung man diesen Satz nicht gekannt hätte, wäre man mit Recht durchgefallen.

Meine Herren, mit diesem Satze bricht entschieden der Grundsatz der Besteuerung nach Staffelung für die Aktiengesellschaften, denn niemand wird behaupten können, daß eine Aktiengesellschaft, die mehr Aktienkapital hat oder mehr Vermögen berechnet nach dem Ertragswert, leistungs-, entbehrungsfähiger ist als eine andere, die weniger Aktienkapital oder Vermögen hat. Es liegt ja auf der Hand, daß eine solche Behauptung durch nichts gerechtfertigt wäre.

Ich gebe zu, daß vielleicht der einzelne, die physische Person, in ihrer Leistungsfähigkeit mit höherem Besitz gewinnt oder daß da eine progressive Steuer angebracht ist. Daß es aber bei der Aktiengesellschaft ebenso sein soll, ist eine Fiktion, die auch in dem Gebiet der vorhin von Herrn Geheimrat Müller angeführten Fiktionen Aufnahme finden kann.

Ich schließe damit: Drei Dinge müssen ausscheiden.

Die Doppelbesteuerung ist zu vermeiden, die Besteuerungen nach dem gemeinen, dem Verkaufswert, desgleichen — es muß an deren Stelle der Ertragswert treten — und die Staffelung, die für Aktiengesellschaften eintreten soll.

Dann wird das Gesetz noch kein gerechtes, aber die allerhärtesten Ungerechtigkeiten werden aus demselben ausgeschieden sein. (Beifall).

Reichstagsabgeordneter Rechtsanwalt **Wilhelm Meyer**-Hannover: Meine Herren, gestatten Sie mir auch noch einige Worte; ich glaube in Ihrem Sinne zu handeln, wenn ich mich in der vorgerückten Stunde recht kurz fasse.

Es ist von verschiedenen Herren Rednern hervorgehoben worden, welche Aenderungen das Gesetz über den außerordentlichen Wehrbeitrag in der Kommission erfahren hat. Es sind hauptsächlich drei Punkte, die uns interessieren. Das ist einmal die Aenderung der Staffelung, indem die Abgabe von ½ pCt., wie sie in der Regierungsvorlage durchweg vorgesehen ist, von 0,15 bis auf 1,5 gestaffelt worden ist. Welche Ungeheuerlichkeit das ist, ist hier schon verschiedentlich ausgeführt worden. Ich brauche deshalb nicht weiter darauf einzugehen. Es ist dann sehr viel hier die Rede gewesen von der Ungerechtigkeit der Doppelbesteuerung, die darin liegt, daß die Aktiengesellschaften auch zum Wehrbeitrag herangezogen werden sollen. Meine Herren, es sind in der Budgetkommission verschiedene Versuche gemacht worden, diese Ungerechtigkeit zu beseitigen. Der radikalste Antrag, der da vorlag und der die Doppelbesteuerung auch mit einem Schlage beseitigt hätte, war der, den § 12, der von den Aktiengesellschaften handelt, zu beseitigen. Dann wäre natürlich von einer Doppelbesteuerung nicht die

Rede gewesen. Es ist aber in der Budgetkommission in der ersten Lesung nicht gelungen, zu einer Lösung dieser Frage zu kommen.

Herr Geheimrat Müller hat hier einige Gründe angeführt, warum der Zentrumsantrag nicht annehmbar ist, und die Bedenken gegen diesen Zentrumsantrag waren auch so groß, daß verschiedene Mitglieder der Kommission, die an sich für eine Beseitigung der Doppelbesteuerung sind, es doch vorgezogen haben, es dann lieber in der ersten Lesung bei der Regierungsvorlage zu lassen.

Es kommt dann in dritter Linie der § 31, der in seiner vorliegenden Fassung die Arbeitseinkommen kapitalisieren will. Meine Herren! Im Gegensatz zu Herrn Freiherrn von Gamp bin ich der Meinung, daß gerade diese Bestimmung manche Ungeheuerlichkeiten enthält. Es ist ja richtig — da gebe ich Herrn Freiherrn von Gamp durchaus recht —, daß man bei einer derartigen Vorlage, wie sie nun einmal da ist, auch an dem Einkommen nicht vorübergehen kann, dem kein Kapital zugrunde liegt. Es war das ja auch in der Regierungsvorlage vorgesehen. Die Regierungsvorlage hatte den Vorteil, daß sie sehr einfach war. Es kamen da nur Einkommen von über 50000 M. in Frage, und das waren nicht derartig viele, daß es besondere Schwierigkeiten gemacht hätte, die Bestimmungen durchzuführen. Aber diese Bestimmungen, wie sie jetzt in den Beschlüssen der Kommission vorliegen, sind so kompliziert, daß sie überhaupt kaum zu verstehen sind. Es gehören so umfangreiche Berechnungen dazu, um das Kapital festzustellen, das der Steuer zugrunde gelegt werden soll, daß diese Vorschläge, wenn sie angenommen werden, einmal in der Praxis unüberwindliche Schwierigkeiten haben würden. Dann aber ist die Staffelung derart, daß sehr hohe Einkommen mit über 15 pCt. des Jahreseinkommens herangezogen werden. Das ist eine Ungeheuerlichkeit, auf die Herr Geheimrat Müller bereits durchaus zutreffend hingewiesen hat.

Meine Herren! Welchen Gang die Verhandlungen über den Wehrbeitrag in der Kommission genommen haben, das kann man nach meiner Meinung am charakteristischsten feststellen aus drei kurzen Sätzen des Protokolls der Sitzung der Budgetkommission vom 29. Mai. Da hat der Herr Staatssekretär Kühn zu Anfang der Sitzung gesagt: Die Regierungsvorlage unterscheide sich von den sozialdemokratischen Vorschlägen einmal dadurch, daß die Sozialdemokratie jedesmal bei neuen Militärvorlagen Vermögensabgaben erheben wolle, die Regierung aber nur einmal; ferner dadurch, daß die Sozialdemokratie nur die reichen Leute besteuern wolle, während die Regierung in Uebereinstimmung mit der großen Mehrheit des deutschen Volkes auf dem Standpunkte stehe, daß bei einer so einschneidenden Maßregel des Reiches möglichst weite Kreise beteiligt werden sollen.

Es hat dann der Abgeordnete Erzberger weiter ausgeführt, der Antrag seiner Freunde komme zu der Erwägung, daß im allgemeinen eine steuerfreie Grenze von 50 000 M. gerechtfertigt sei. Es würden dann nach seiner Berechnung ungefähr 75 pCt. aller Zensiten von der Steuer frei bleiben. Dies sähe er für kein besonderes Unglück an.

Also, meine Herren, nach dem Abgeordneten Erzberger soll schon diese Last, die nach der Regierungsvorlage auf möglichst weite Kreise verteilt werden soll, nur 25 pCt. aller Zensiten auferlegt werden.

Es hat dann ferner der Abgeordnete Südekum in der Kommission ausgeführt: die Volksstimmung gehe dahin, daß die hohen Vermögen möglichst scharf herangezogen werden sollen, die Heranziehung habe aber darin ihre Grenzen, daß man mit der Möglichkeit der Abwanderung der Vermögen rechnen müsse.

Meine Herren! Wenn man sich die Vorlage ansieht, wie sie aus der Kommission herausgekommen ist, muß man zu der Ueberzeugung kommen, daß dieser Grundsatz, wie ihn Herr Südekum hier angeführt hat, eigentlich die einzige Richtschnur für die Kommissionsverhandlungen gewesen ist. Meine Herren, damit ist die abschüssige Bahn, auf die die Kommission getreten ist, nach meiner Meinung in genügender Weise gekennzeichnet.

Es muß der Versuch gemacht werden, die drei Bestimmungen, auf die ich hingewiesen habe, wieder zu verbessern. Und, meine Herren, ich gebe im Gegensatz zu verschiedenen Herren, die hier gesprochen haben, die Hoffnung nicht auf, daß es doch noch gelingt, diese Bestimmungen zu ändern.

Ich gehöre auch nicht zu den Abgeordneten, von denen hier der Herr Geheimrat Müller gesprochen hat, die es als einen Vorzug einer solchen Vorlage ansehen, wenn sie Ungerechtigkeiten enthält.

Im Gegenteil. Aber meine Herren, ich habe auch die Hoffnung nicht aufgegeben, daß es hier noch gelingt, der Gerechtigkeit oder, wie Herr Regierungsrat Schweighoffer vorhin gesagt hat, der steuerlichen Moral besser gerecht zu werden, als wie es hier der Fall ist. (Beifall.)

Geheimer Oberfinanzrat **Müller**-Berlin: Ich meine, über die Einschätzung der Aktiengesellschaften sind hier verschiedene Erörterungen angestellt worden, die ganz vergessen, daß das, was die Regierungsvorlage vorschlägt und was die Budgetkommission in erster Lesung angenommen hat, das glimpflichste ist, was bei irgendeiner weiteren Erörterung der Frage passieren kann. Die Krux ist, daß im Prinzip zunächst gesagt ist: nach dem gemeinen Wert! Eine Aufstellung nach dem gemeinen Wert ist unmöglich. Das kann keine Steuerbehörde, und wenn sie noch so tiftelig und schikanös wäre, ausrechnen, das ist ganz unmöglich. Was ich vorgeschlagen habe, war, daß die Vermögensaufstellungen für Handel, Gewerbe und Industrie die Vorschriften des Handelsgesetzbuches respektieren müssen, die für Aktiengesellschaften vorschreiben: Einkaufspreis, nicht Verkaufspreis. Das ist das Entscheidende. Aber wenn Sie mit 16 2/3 pCt. die Dividende multiplizieren wollen, so ist das ungefähr der Kurswert der Aktien der Gesellschaften, wobei von dem Abzug des Nominal-Kapitals, wie es Regierungsvorlage und Budgetkommission wollen, gar nicht mehr die Rede ist. Und wenn sich hier einzelne Herren damit trösten wollen, daß zur Vermeidung der Doppelbesteuerung der Abzug des in den Aktien angelegten Kapitals bei den Zensiten gestattet werden müsse, so ist das eine Illusion. Wenn Sie diese Frage weiter anrühren, so kommen Sie zur Doppelbesteuerung in der schlimmsten Form, die überhaupt möglich ist. Was wir in diesem Punkte für Resolutionen überhaupt fassen können, wird nur unsere Lage verschlechtern. Sie werden uns beim Worte nehmen, wenn wir für die Heranziehung der Aktiengesellschaften nach dem Ertragswert plädieren und uns nicht folgen, wenn wir sagen: der einzelne Aktionär soll frei gelassen werden. Das ist so sicher, wie zweimal zwei vier ist.

Also bei der jetzigen Lage ist es richtig: quieta non movere! Der Herr Vorsitzende hat seine Ansicht ausgesprochen, und ich habe es auch getan. Aber so lange die Kommission nicht neue Beschlüsse gefaßt hat, wäre es doch der größte Fehler, hier noch der Kommission Fingerzeige zu geben, um uns noch etwas Schlimmeres zuzufügen. Die Herren sind vollständig auf dem Holzwege, wenn sie glauben, damit etwas nützen zu können.

Was übrigens die Steuerbehörden anbetrifft, so fehlt ihnen allerdings ein genügendes Verständnis für kommerzielle Dinge. (Sehr richtig!) Aber die Steuerbehörden sind auch Menschen, die die Arbeit gar nicht leisten könnten, die nötig wäre, um neue Aufstellungen für Aktiengesellschaften zu machen. Und tatsächlich: Wir haben in Preußen doch eine langjährige Erfahrung, während Sie in Bayern eine kurze Erfahrung haben hinsichtlich der Einkommensteuer; die ist ja dort eben erst eingeführt. (Direktor Dr. Guggenheimer: Gewerbesteuer!) Die Gewerbesteuer ist aber nicht von der Tragweite und der Höhe. (Direktor Dr. Guggenheimer: Oho!) Wir haben doch auch mit bayrischen Steuerbehörden zu tun und ich weiß genau, daß sie beinahe noch schlimmer sind als die preußischen. Aber Sie haben doch bisher keine

Einkommensteuer gehabt. In Preußen hat sich die Prüfung der Bilanzen im wesentlichen auf die Nachprüfung der Abschreibungen beschränkt, und da kann man der Steuerbehörde nicht unrecht geben. Man kann nicht verlangen, daß sie in blanco jede kaufmännische Bilanz hinnehmen soll. Das wäre ein unberechtigtes Verlangen. Aber die Nachprüfung hat die Schranke, daß sie mehr als Menschenkraft erfordert und daß sie tatsächlich nicht viel ausrichten kann. In Preußen hat diese Nachprüfung trotz aller Schärfe niemals dazu geführt, daß die Bilanzen umgeworfen worden sind. Bisher ist auch bei den privaten Kaufleuten die kaufmännische Bilanz respektiert worden, und das ist ja eine Frage, die für die privaten Firmen viel wichtiger ist als für die Aktiengesellschaften. Bei den Aktiengesellschaften ist die Besteuerung nach dem Ertrage irrationell, es wäre ein grober Fehler, wenn wir uns darauf einlassen wollten, und für die Handelsgeschäfte ist die Besteuerung nach dem Ertrage eine Unmöglichkeit und eine schwere Schädigung der Handelshäuser. Die Industrie sollte sich mit dem begnügen, was jetzt für die Aktiengesellschaften geschehen ist.

Handelskammersyndikus Dr. **Dietrich**-Plauen: Ich möchte mir zu dem Vortrage des Herrn Schweighoffer eine kurze Anfrage gestatten. Der Vortrag mündet in einen Beschlußantrag. In diesem Beschlußantrag heißt es: Der Centralverband erachtet eine alsbaldige Verabschiedung der gesetzgeberischen Vorlagen, insbesondere auch der Vorlagen wegen der Deckung der laufenden Kosten für die Heeresvermehrung auch aus dem Grunde für dringend erforderlich, weil eine Verschleppung der Entscheidung in weite Kreise unserer erwerbstätigen Bevölkerung eine starke Beunruhigung hineintragen würde usw.

Ich möchte mir gestatten, zu bemerken, daß ich nicht daraus entnehme, daß der Centralverband ohne weiteres sich damit einsetzt für den Gesetzentwurf betreffend die Aenderung im Finanzwesen. Das ist in dieser Resolution nach meinem Erachten nicht zum Ausdruck gebracht. Ob die Deckung der laufenden Kosten durch Annahme des Gesetzentwurfes betreffend die Aenderung im Finanzwesen geschehen soll oder etwa durch ein Erbschaftssteuergesetz, kommt in der Resolution nicht zum Ausdruck. Man kann sich also beides darunter denken. Ich möchte nur bitten, zu sagen, ob diese meine Auffassung richtig ist.

Vorsitzender: Herr Dr. Schweighoffer wird sich darüber im Schlußwort äußern.

Wünscht noch jemand das Wort? — Es ist nicht der Fall.

Dann schließe ich die Diskussion und gebe das Schlußwort den beiden Referenten, zunächst Herrn Regierungsrat Dr. Schweighoffer.

Berichterstatter Regierungsrat a. D. Dr. **Schweighoffer**-Berlin: Meine Herren, ich darf zunächst Herrn Syndikus Dr. Dietrich auf seine Anfrage antworten. Ich habe in meinem Referate ausdrücklich betont, daß ich auf derartige Einzelfragen, wie er sie soeben angerührt hat, nicht einzugehen beabsichtige, und es kann infolgedessen auch der Beschlußantrag in seinem zweiten Absatz nicht in der Weise ausgelegt werden, wie es Herr Syndikus Dr. Dietrich befürchtet. Eine solche nicht zutreffende Auslegung haben, wie ich den Ausführungen des Herrn Freiherrn von Gamp und denen des Herrn Kommerzienrat Dr. Kauffmann entnehme, meine Darlegungen leider schon in einer anderen Beziehung erfahren. Es ist nämlich meine Bezugnahme auf die wirklich höchst interessante und lehrreiche Abhandlung des Senatspräsidenten Dr. Strutz dahin interpretiert worden, als ob ich meinerseits die Einführung einer Erbschaftssteuer hätte befürworten wollen. Meine Herren, hierzu würde ich mich im Namen des Centralverbandes Deutscher Industrieller in keiner Weise für legitimiert erachtet haben, und das habe ich daher denn auch, wie ich ausdrücklich betone, nicht getan. Ich habe lediglich die Ausführungen des Herrn Senatspräsidenten Strutz, in denen er die Erbschaftssteuer als letzten Ausweg aus der Reichsfinanzmisere erklärt, als in hohem Maße beachtenswert bezeichnet im Zusammenhang mit seinen weiteren Darlegungen, in denen er sich unbedingt gegen eine jede direkte Reichsvermögenssteuer ausspricht. Ich habe als ersten Grundsatz betont, und das ist auch in meiner Resolution zum Ausdruck gekommen, daß unter Aufrechterhaltung der finanz- und steuerpolitischen Grundsätze, wie sie Fürst Bismarck aufgestellt hat, das Bedürfnis des Reiches zu decken ist durch indirekte Steuern, und daß der jetzige Weg der direkten Besteuerung der einzelnen Privatwirtschaften von Reichs wegen ein überaus gefährlicher ist. In diesem Sinne ist daher denn auch der Beschlußantrag gehalten, der sich nur auf die grundsätzlichen Gesichtspunkte für die Deckungsvorlagen bezieht und auf Einzelheiten nicht eingehen will.

Zur Kennzeichnung der Empfindungen, die in weiten industriellen Kreisen in Bezug auf die jetzigen Beschlüsse der Budgetkommission über den Wehrbeitrag herrschen, möchte ich zum Schluß noch ein Telegramm verlesen, das eine der hervorragendsten Handelskammern im rheinisch-westfälischen Bezirk, die Handelskammer in Duisburg, soeben an den Centralverband Deutscher Industrieller gerichtet hat:

„Bei der Einbringung der Wehrmachtvorlage hat die Handelskammer in Duisburg die Erwartung ausgesprochen, daß die Frage der Kostendeckung bald im Sinne der Regierungsvorschläge erledigt würde. Angesichts der Verhandlungen in der Budgetkommission muß die Handelskammer gegen die Beschlüsse dieser Kommission scharfen Einspruch erheben; die Beschlüsse werfen die von der Regierung zur Frage des Wehrbeitrages gegebene Begründung völlig über den Haufen und würden bei endgültiger Annahme die wirtschaftliche Weiterentwickelung unseres Vaterlandes geradezu gefährden sowie das Gefühl der Rechtssicherheit dauernd verletzen.

Handelskammer in Duisburg."

Berichterstatter Kommerzienrat Dr. **G. Kauffmann**-Hermsdorf: Meine Herren, ich werde mich in meinem Schlußwort kurz fassen. Aber ich kann es mir, da mein Referat sich damit zu beschäftigen hatte, auf Einzelheiten einzugehen und Vorschläge im einzelnen zu machen, doch nicht ganz versagen, noch einmal auf dasjenige zu erwidern, was hier über diese Einzelheiten gesagt worden ist.

Meine Herren, einen Widerspruch gegen die von mir gemachten Vorschläge habe ich nur in einem Punkte gehört, und zwar sowohl von Herrn Dr. Guggenheimer als auch in einer privaten Unterhaltung, die ich die Ehre hatte, mit Herrn Reichstagsabgeordneten Freiherrn von Gamp zu führen. Es wurde mir gesagt, es sei nicht richtig, daß ich für die Aktien mit Kursnotiz die Kursnotiz bestehen lassen will, nachdem ich doch nun einmal im allgemeinen für den Ertragswert plädiere. Ich erlaube mir, dazu folgendes zu bemerken: In der Regierungsvorlage ist für Aktien mit Kursnotiz die Kursnotiz und für alle übrigen der gemeine Wert vorgesehen. Der Zentrumsantrag, der allerdings auch für die Aktien mit Kursnotiz dies ändern wollte, ist abgelehnt worden. Er ist als nicht mehr vorhanden zu betrachten. Im Gegenteil ist der § 19 noch auf Grund eines Vorschlages der Fortschrittlichen Volkspartei dahin abgeändert worden, daß im § 19 noch einmal gesagt wurde:

„Für Aktien mit Kursnotiz Kursnotiz, für alles andere so und so."

Also, meine Herren, ich hatte nur den Gedanken, an dem Bestehenden möglichst wenig zu ändern, möglichst nur das, was erreichbar erschien, zu erstreben, und nur da, wo jetzt der gemeine Wert vorgeschrieben ist, diesen durch den Ertragswert zu ersetzen. Ich glaube auch, daß diejenigen, die das Glück haben, daß ihre Aktien eine Kursnotiz besitzen, damit zufrieden sein können, daß die Kursnotiz der Besteuerung zugrunde gelegt wird. Ist das aber nicht der Fall, legen die Herren, deren Aktien eine Kursnotiz haben, Wert darauf, daß auch für diese Aktien ein anderer Wertmesser eingeführt wird, so würde ich gern bereit sein, den Vorschlag zu modifizieren, wenn überhaupt bei der vorgeschrittenen Zeit darauf eingegangen werden sollte, über bestimmte formulierte Einzel-Anträge zu beraten. Es scheint mir aber nicht so, als wenn das beabsichtigt wird.

Dann die Doppelbesteuerung. Ein großer Teil meines Vortrages war der Aufgabe gewidmet, nachzuweisen, daß die Doppelbesteuerung höchst ungerecht ist. Sie war aber in der Regierungsvorlage enthalten und ist auch angenommen worden. Ich stehe natürlich auch auf dem Standpunkte, daß in erster Linie die Aktien nur bei den Aktionären besteuert werden sollen. Das ist mir das liebste und auch bei weitem das gerechteste. Dies habe ich auch ausgeführt. Aber ich glaube nicht, daß dies noch zu erreichen ist; darum glaube ich doch, daß es als Eventualantrag ganz gut wäre, wenn zum mindesten der betreffende Zentrumsantrag zwar nicht in allen Einzelheiten, wohl aber in dem Punkte, daß die Aktiengesellschaften als solche besteuert werden, wieder Aufnahme finden könnte, und wenn da Herr Geheimer Oberfinanzrat Müller gesagt hat, daß in diesem Falle eine Doppelbesteuerung bestehen würde, so kann ich das nicht einsehen. In dem Zentrumsantrage war ja doch vorgesehen, daß die Aktionäre ihrerseits frei ausgehen sollten. Ich kann also nicht einsehen, weshalb Herr Geheimrat Müller meint: „es würde eine Illusion sein, zu glauben, daß die Aktionäre ihrerseits frei ausgehen würden."

Die übrigen Einwände, die Herr Geheimer Oberfinanzrat Müller gegen den Vorschlag, die Aktiengesellschaften selbst zu besteuern, vorgebracht hat, sind zum großen Teil von Herrn Dr. Guggenheimer widerlegt worden. Ich verzichte daher darauf, auf dieselben einzugehen. Herr Geheimrat Müller hat aber ferner auch gesagt: „Wenn Sie wünschen, daß der einzelne Aktionär frei bleibt, so müßte er jede einzelne Aktie als solche deklarieren." Ich kann nicht einsehen, daß das notwendig werden würde. Es ist Ihnen bekannt, daß bei der G. m. b. H.-Besteuerung für die preußische Einkommensteuer die Sache in der Weise gehandhabt wird, daß jedes Formular für die Einkommensteuerdeklaration eine Rubrik enthält, die mit einem breiten Strich eingerahmt ist und den Vermerk enthält: „Hiervon ist Einkommen bei G. m. b. H.'s — welches ausscheidet, weil es bei der G. m. b. H. besteuert wird — so und so viel", und ich kann nicht einsehen, warum nicht auch für den Wehrbeitrag das Deklarationsformular eine solche eingerahmte Rubrik enthalten könnte mit dem Vermerk: „Hiervon ist Vermögen aus Aktiengesellschaften — infolgedessen bei der persönlichen Besteuerung ausscheidend — so und so viel." Es brauchte also nur der Gesamtbetrag des Besitzes an inländischen Aktien angegeben und in Abzug gebracht, keineswegs aber jede Aktie einzeln deklariert werden.

Daß sich aus der Staffelung Abnormitäten ergeben, habe ich zugegeben. Darin hat ja auch Herr Geheimer Oberfinanzrat Müller mit mir übereingestimmt, daß die Staffelung wesentlich abgeschwächt werden muß. Im übrigen hat der Herr Geheimrat auch selbst hervorgehoben, daß den Fällen, wo durch die Staffelung jemand schlechter wegkommt, auch Fälle gegenüberstehen, wo jemand durch die Staffelung besser wegkommt.

Im übrigen sollen meine Vorschläge überhaupt nur ein Eventualantrag sein. Wenn Sie es ermöglichen können, daß nur der Aktionär besteuert wird, so soll mir das in allererster Linie recht sein. In diesem Sinne lautete auch mein Referat.

Bezüglich des „Kompromißbeschlusses", d. h. der Verquickung von Einkommensteuer und Vermögenssteuer, der Schöpfung der Budgetkommission, habe ich mich darauf beschränkt, einen Vorschlag zu machen, auf den von den Herren nicht weiter eingegangen worden ist, der dazu dienen sollte, die Ungerechtigkeit, die mit den Beschlüssen der Budgetkommission, insbesondere denen gegenüber verbunden ist, die kein Einkommen und nur ein steuerpflichtiges Vermögen haben, abzumildern. Selbstverständlich, wenn es möglich ist, diesen ganzen Kompromißbeschluß zu beseitigen, so soll mir das in erster Linie lieb sein. Ich bin selbstverständlich ganz ebenso wie Herr Geheimrat Müller über den ganzen Beschluß konsterniert gewesen. Ich habe es auch nicht für möglich gehalten, daß die Budgetkommission auf den Gedanken kommen könnte, ein unfundiertes Einkommen zu kapitalisieren und das so berechnete fiktive Vermögen mit einer Vermögenssteuer zu belegen. Ist dieser Beschluß überhaupt zu beseitigen, so soll er selbstverständlich beseitigt werden, und zwar braucht man darum durchaus noch nicht auf eine Steuer auf das Einkommen ganz zu verzichten, darin gebe ich Herrn Freiherrn von Gamp durchaus recht.

Eine Einkommensteuer war auch im Regierungsentwurf schon vorgesehen und dieselbe kann auch weiter ausgebaut werden. Die Verquickung der Einkommensteuer mit der Vermögenssteuer war nicht notwendig. Also wenn sich diese Verquickung beseitigen läßt, so soll sie beseitigt werden. Sie wird aber, wie ich fürchte, nicht beseitigt werden, denn gerade dieser Beschluß ist doch eine Hauptschöpfung der Kommission; und da glaube ich, daß mein Vorschlag, der eine Abmilderung der Ungerechtigkeiten des Beschlusses bedeuten würde, immerhin eine gewisse Beachtung verdienen könnte.

Was dann die wichtigste Frage: „Ertragswert oder Verkaufswert" betrifft, so haben ja alle Herren, auch Herr Geheimrat Müller, zugegeben, daß der „Verkaufswert" eine Unmöglichkeit ist. Ich habe aber keine Gegenvorschläge von Herrn Geheimrat Müller gehört. Herr Geheimrat Müller hat zugegeben, daß der Buchwert, wenigstens der Buchwert ohne Kontrolle, ebenfalls nicht brauchbar ist. Darüber sind wir wohl auch alle uns einig: „Daß die Steuerbehörde den Buchwert grundsätzlich als richtig soll anerkennen müssen, kann nicht verlangt werden"; denn es gibt Etablissements, die mit Null zu Buche stehen. Herr Geheimrat Müller hat daher, wenn ich ihn recht verstanden habe, empfohlen: „Buchwert mit Nachkontrolle durch die Steuerbehörde." Das ist aber im wesentlichen der gegenwärtige bzw. der im Gesetzentwurf vorgesehene Zustand, das bedeutet keine Aenderung dieses Zustandes. Die Steuerdeklaration wird fast immer auf Grund der Bilanzwerte erfolgen, aber so lange die Steuerbehörde sagen darf: „Wir erkennen den Bilanzwert als Grundlage für die Steuer nicht an, wir setzen vielmehr den gemeinen Wert so und so fest", so bleibt eben das bestehen, was der Regierungsentwurf will. Ein brauchbarer Gegenvorschlag würde nur der „Ertragswert" sein, und da kann ich nur meine Freude darüber ausdrücken, daß wenigstens Herr Dr. Guggenheimer mir darin zugestimmt hat, daß der Ertragswert ein besserer Maßstab ist als der Verkaufswert. Natürlich würden Fälle vorkommen, daß Kaufleute, die aus ihrem Vermögen sehr hohe Renten herausarbeiten, beim Ertragswert sehr viel höher herangezogen werden würden als beim gemeinen Wert. Andererseits aber würde der erfolglose Kaufmann oder Industrielle, der nichts oder nur sehr wenig aus seinem Vermögen herausarbeitet, sehr viel besser wegkommen. Ich habe selbst ausgeführt, daß die Annahme des Ertragswertes als Besteuerungsgrundlage dem Gesetze bis zu einem gewissen Grade den Charakter einer Einkommensteuer geben würde; ich leugne das durchaus nicht, aber der Zweck des Gesetzes ist doch nicht die Schaffung einer Vermögenssteuer, sondern der Wehrbeitrag; derselbe hätte ebenso gut von Hause aus in der Form einer Einkommensteuer gedacht gewesen sein können. Jedenfalls ist es eher gerechtfertigt, die Leute nach dem Einkommen heranzuziehen als nach einem Vermögen, das nicht existiert, wie Herr Dr. Guggenheimer mit Recht ausgeführt hat. Der gemeine Wert eines Vermögens, welches in der Gegenwart keinen Ertrag bringt, ist nur eine Zukunftsfiktion. Bei dem Wehrbeitrage aber handelt es sich um gegenwärtige dringende Bedürfnisse, die man auf Grund der gegenwärtigen Leistungsfähigkeit decken soll und nicht auf Grund einer zukünftigen Leistungsfähigkeit, wie es in allen denjenigen Fällen geschieht, wo ein unrentables Vermögen auf Grund von Zukunftsmöglichkeiten trotzdem mit einem hohen gemeinen Wert herangezogen wird.

Im übrigen habe ich zu meiner Freude bei einem weiteren Vorschlage die Zustimmung des Herrn Geheimrat Müller gefunden, nämlich bei der Forderung, die er erhoben hat und die auch von mir schon aufgestellt war, daß an Wehrbeitrag nur soviel erhoben werden darf, wie für die Wehrvorlage gebraucht wird, und daß darüber hinaus eventuell eine Reduktion der weiteren Raten stattfinden muß. Auch daß man sich gegen die übertriebene Staffelung wenden, und zwar als zulässige Maximalgrenze 1 pCt. zugestehen soll, war eine bereits von mir aufgestellte und begründete These.

Also ich glaube, soweit ich überhaupt Widerspruch gefunden habe, denselben klargestellt zu haben. Im übrigen möchte ich glauben, daß ich auf Resolutionen und Anträge in der vorgerückten Stunde ganz verzichten werde.

Vorsitzender: Ich glaube, meine Herren, daß wir doch zu einer Abstimmung kommen können. Die Herren sind ja noch zahlreich versammelt. Jedenfalls möchte ich die Abstimmung versuchen.

Der erste Beschlußantrag, der in Ihren Händen ist, würde zunächst zur Abstimmung kommen.

Dazu ist nur von Herrn Dr. Dietrich-Plauen gesprochen worden. Die Anfrage des Herrn Dr. Dietrich ist von Herrn Dr. Schweighoffer beantwortet worden. Ein Abänderungsantrag zu dem Beschlußantrag liegt nicht vor.

Wünschen die Herren, daß er erst noch einmal verlesen wird? (Wird verneint.)

Dann bitte ich diejenigen Herren, die gegen die Annahme des Beschlußantrages sind, sich zu erheben.

Der Antrag ist einstimmig angenommen.

Jetzt kommen wir zu dem Punkte 3 der Tagesordnung, dem Referate des Herrn Kommerzienrats Dr. Kauffmann. Der Herr Kommerzienrat hat seine Anträge den Herren vorgelegt. Ich habe darauf den Herren dargelegt, wie sich das Direktorium die Stellungnahme des Ausschusses dachte und möchte nun verlesen, was in bezug auf diese meine Ausführungen formuliert wurde:

„Der Centralverband Deutscher Industrieller hat mit lebhaftem Bedauern davon Kenntnis genommen, daß durch die Beschlüsse der Budgetkommission in der ersten Lesung des Gesetzes über den einmaligen Wehrbeitrag die Doppelbesteuerung des in Aktien repräsentierten Steuerobjekts aufrecht erhalten worden ist und spricht die Hoffnung aus, daß diese Doppelbesteuerung bei den weiteren Beratungen der Kommission beseitigt werden wird.

Es muß des weiteren erwartet werden, daß für die Ermittelung des Vermögens eine möglichst einfache Formel gefunden wird, um vor allem die sonst unvermeidlich zu erwartenden zahlreichen Differenzen mit den Einschätzungsbehörden nach Möglichkeit zu vermeiden.

Diesem Erfordernisse wird aber in keiner Weise entsprochen im Falle einer Besteuerung auf der Grundlage eines überhaupt nicht zutreffend festzustellenden **gemeinen** Wertes als Vermögens der Erwerbsgesellschaften.

Der Centralverband gibt vielmehr der Ansicht Ausdruck, daß zu diesem Zwecke bei der Ermittelung des Vermögens der auf Grund einer durchschnittlichen Berechnung des Reingewinnes einzusetzende Ertragswert oder der Ertragswert nach Maßgabe des Verhältnisses zwischen Reingewinn und Aktienkapital zugrunde gelegt wird."

Das wäre also der Niederschlag der Erwägungen, die im Direktorium stattgefunden haben, und zwar ein Niederschlag allgemeiner Art, während die Anträge des Herrn Referenten ja ganz spezieller Natur sind.

Dazu ist noch weiter der Antrag des Herrn Geheimen Oberfinanzrat Müller gestellt. Ich frage die Versammlung, ob ich ihn noch einmal zur Verlesung bringen soll. (Wird bejaht.)

(Der Antrag wird verlesen.)

Die Ausführungen, die in diesem Antrage niedergelegt sind, sind nach Ansicht des Direktoriums ohne weiteres in Einklang zu bringen mit den von mir vorher als Niederschlag der Erwägungen des Direktoriums bezeichneten und von mir verlesenen Ausführungen.

Die Anträge des Herrn Kommerzienrats Dr. Kauffmann sind die weitest gehenden und ich werde daher zunächst über diese Anträge abstimmen lassen, und erst wenn diese Anträge etwa nicht angenommen sein sollten, würde ich über die beiden anderen Anträge abstimmen lassen, und zwar in der Weise, daß ich zunächst den Antrag des Direktoriums zur Abstimmung stelle und dann den Antrag des Herrn Geheimen Oberfinanzrates Müller.

Sind die Herren mit einem solchen Abstimmungsmodus einverstanden? (Zustimmung.)

Kommerzienrat Dr. G. **Kauffmann**-Hermsdorf (zur Geschäftsordnung): Meine Herren, ich möchte meine Anträge nicht als die weitestgehenden betrachten, sie sind nur mehr spezialisiert, während die

Anträge des Direktoriums mehr allgemeiner Art sind. Ich möchte aber nach der ganzen Situation hier und bei der vorgerückten Stunde glauben, daß es besser ist, zumal da meine Anträge in einigen Einzelheiten doch Widerspruch gefunden haben, sich tatsächlich auf diese allgemeinen Resolutionen, die ja mit meinen Anträgen im allgemeinen durchaus nicht im Widerspruch stehen, zu beschränken.

Vorsitzender: Dann würde ich also mit Ihrem Einverständnis erst über die beiden anderen Anträge abstimmen lassen.

Kommerzienrat Dr. **G. Kauffmann**-Hermsdorf: Ich würde auf meine Anträge ganz verzichten.

Vorsitzender: Dann lasse ich zunächst abstimmen über den Antrag des Direktoriums.

Die Herren, die dafür sind, bitte ich, sich zu erheben. (Geschieht.)

Der Antrag ist einstimmig angenommen.

Nun kommen wir zu dem Antrag des Herrn Geheimen Oberfinanzrats Müller.

Die Herren, die für diesen Antrag sind, bitte ich, sich zu erheben. (Geschieht.)

Auch dieser Antrag ist einstimmig angenommen.

Dann haben wir noch den Punkt 4 der Tagesordnung:

Die Aenderung des Reichsstempelgesetzes.

Berichterstatter ist Herr Professor Dr. Moldenhauer.

Berichterstatter Professor Dr. **Moldenhauer**-Cöln: Meine Herren! Mit Rücksicht auf die vorgeschrittene Stunde werde ich mich so kurz fassen, als der Gegenstand dieses Punktes der Tagesordnung es erlaubt.

Zur Deckung der laufenden Ausgaben der neuen Wehrvorlage schlägt die Reichsregierung eine Erweiterung des Reichsstempelgesetzes vor, durch welche, wenn das Gesetz einmal seine volle Wirkung ausübt, 64 Millionen Mark aufgebracht werden sollen. Für die ersten Jahre ergibt sich ein geringerer Betrag, weil ein Teil der neuen Steuern den Bundesstaaten zum Ausgleich für die von ihnen bisher erhobenen Stempel überwiesen werden muß. Die neuen Steuern beziehen sich auf die Stempel für Gesellschaftsverträge und Versicherungen.

Der Stempel für die Errichtung von Aktiengesellschaften und Kommanditgesellschaften auf Aktien ist auf $4\frac{1}{2}$ pCt. des Ausgabewertes berechnet. Derselbe Betrag wird bei Erhöhung des Aktienkapitals erhoben. Der bisherige Reichsstempel betrug 3 pCt. Allerdings fällt nunmehr auch der preußische Stempel weg. Dieser betrug aber nur bei den Gesellschaften mit einem Aktienkapital von über

10 Millionen Mark 1½ pCt., so daß sich für alle anderen Aktiengesellschaften eine Erhöhung des bisherigen Aktienstempels ergibt. Diese Erhöhung wird noch aus dem Grunde fühlbarer, weil bisher der Stempel vom Nennwert und nicht vom Ausgabewert berechnet wurde. Durch diese Erhöhung des Aktienstempels wird naturgemäß die Errichtung von Aktiengesellschaften erschwert. Berücksichtigen wir, daß junge Gesellschaften mit großen Schwierigkeiten zu kämpfen haben, um in das Geschäft zu kommen, und auch infolgedessen außergewöhnliche Aufwendungen bestreiten müssen, so rechtfertigt sich die Forderung, bei der Bemessung des Aktienstempels eine Mäßigung zu bewahren, um die Entstehung neuer Gesellschaften nicht ganz unmöglich zu machen. Diese Mäßigung finde ich darin, daß man nicht den höchsten preußischen Stempel ohne weiteres zu dem Reichsstempel hinzuschlägt, sondern daß man nach preußischem Vorbild den Reichsstempel staffelt, so daß man nur bei Aktiengesellschaften mit einem Kapital von über 10 Millionen Mark — und das sind noch nicht 5 pCt. aller Aktiengesellschaften — einen Stempel von 4½ pCt. erhebt. Freilich wird dadurch ein Ausfall eintreten. Aber dieser läßt sich dadurch einbringen, daß man die ausländischen Aktien den inländischen gleichstellt. Nach der Vorlage soll nämlich für ausländische Aktiengesellschaften nur ein Stempel von 3 pCt. und zwar vom Nennwert, nicht vom Ausgabewert erhoben werden. Ich unterschätze nicht die Bedeutung des Besitzes ausländischer Aktien für die Entwickelung unseres Exports, auch nicht ihre Bedeutung für die Förderung politischer Beziehungen. Aber auf der anderen Seite läßt sich nicht verkennen, daß für manche recht zweifelhafte Anlagewerte Kapital ins Ausland fließt, dessen die heimische Industrie entbehren muß. Ich halte es deshalb nicht nur für ein Gebot der Gerechtigkeit, wenn man die ausländischen Aktien den inländischen gleichstellt, sondern außerdem für eine Maßnahme, die der deutschen Industrie dient. — Wenn man befürchtet, daß die guten ausländischen Aktien sich dann fernhalten und nur die zweifelhaften an den Markt kommen würden, so übersieht man, daß unsere Prüfungsstellen ein gewisser Schutz gegen solche Gefahren sind. Ich befinde mich hier in Uebereinstimmung mit einem Referat, das Herr Dr. Beumer in der letzten Versammlung des „Vereins zur Wahrung der gemeinsamen wirtschaftlichen Interessen Rheinlands und Westfalens" gehalten hat, und dessen Ausführungen ich mich in dieser Frage vollkommen anschließe.

Die Vorlage schlägt einen neuen Reichsstempel für Gesellschaften mit beschränkter Haftung in Höhe von 3 pCt. vor, während diese Gesellschaften bisher einem Reichsstempel nicht unterlagen. Dafür fällt der preußische Stempel fort. Aber dieser bewegte sich nur zwischen 1/4 und 1 1/2 pCt. Nach der „Rundschau für die G. m. b. H.“ (April 1913) würden z. B. für eine kleine Unternehmung, in die der Unternehmer 40 000 M. hineingesteckt hat, wenn er sie durch Beteiligung fremden Kapitals in Höhe von 20 000 M. in eine G. m. b. H. umwandeln wollte, die gesamten Gründungskosten etwa 5 pCt. betragen. Dadurch wird vielfach der Uebergang zu einer G. m. b. H., also zu einer Unternehmungsform, die unter bestimmten Voraussetzungen leistungsfähiger ist als der Einzelbetrieb, unmöglich gemacht. Die Begründung erklärt, daß eine höhere Besteuerung der Gesellschaften m. b. H. deshalb angebracht sei, weil diese in immer bedeutenderem Maße an die Stelle von Aktiengesellschaften träten. Das trifft aber nur teilweise zu. Nach der Statistik ist das Stammkapital der neu errichteten G. m. b. H. von 143 000 M. im Jahre 1907 auf 82 000 M. im Jahre 1912 gesunken. Man darf also wohl nur insoweit die G. m. b. H. zum gleichen Stempel wie die Aktiengesellschaften heranziehen, als es sich tatsächlich um Unternehmungen handelt, die ebensogut in Form einer Aktiengesellschaft hätten errichtet werden können. Mein Vorschlag geht deshalb dahin, daß auch hier der Stempel nach der Höhe des Stammkapitals gestaffelt wird, und zwar in der Form, daß man bis zu einem Stammkapital von 500 000 M. den bisherigen preußischen Stempel erhebt, und darüber hinaus denselben Stempel, wie ihn die Vorlage für die Aktiengesellschaften vorsieht.

Nun will die Vorlage die G. m. b. H., die nach dem Inhalt des Gesellschaftsvertrages oder auch nur tatsächlich den Erwerb oder die Verwertung von Grundstücken betreibt, mit einem Stempel von 5 pCt. heranziehen, und zwar mit der Begründung, es handle sich hier um Spekulationsgesellschaften und solche Unternehmungen, die gegründet seien, um das Reichswertzuwachssteuergesetz zu umgehen. Demgegenüber ist zu bemerken, daß es sich in vielen Fällen hier überhaupt nicht um Spekulationsgesellschaften, sondern um Handwerkergenossenschaften handelt, die sich bilden, um den Betrieben ihrer Mitglieder überhaupt die Möglichkeit des Fortbestehens zu schaffen. Auch erscheint mir der Gedanke abwegig, eine Gesellschaft deshalb, weil sie in legitimer Weise eine Lücke der bisherigen Gesetzgebung benutzt hat, dafür zu bestrafen, indem man sie mit einem höheren Stempel bedenkt. Wenn die Gesetzgeber das Reichswertzuwachssteuergesetz so nachlässig abgefaßt haben, so gibt das doch keinen Grund, um diejenigen dafür verantwortlich zu machen, die sich diese Nachlässigkeit zunutze werden lassen. Ist also die Begründung für diesen höheren Stempel hinfällig, so muß auf der anderen Seite auf die schwierige Lage hingewiesen werden, in der sich heute der Grundstücksmarkt befindet, auf die große Belastung des Grundbesitzes, die noch dadurch gesteigert wird, daß der Umsatzstempel von $^2/_3$ pCt., der ursprünglich nach dem Inkrafttreten des Wertzuwachssteuergesetzes wegfallen sollte, bis auf weiteres bestehen bleibt.

Ich komme nun zu dem Versicherungsstempel. Es ist ein alter Wunsch der Versicherungsgesellschaften, daß an Stelle der zahllosen durchaus verschiedenen Stempel der Bundesstaaten ein einheitlicher Reichsstempel treten soll. Aber wenn man diesen Wunsch verwirklicht, darf man nicht außer acht lassen, welche große privat- und volkswirtschaftliche Bedeutung das Versicherungswesen hat, daß seine Aufgabe darin besteht, im Falle eines Schadens das vernichtete Kapital neu zur Verfügung zu stellen und so das Einkommen zu sichern. So hat die Volkswirtschaft, so hat aber auch der Fiskus an einer möglichsten Verbreitung des Versicherungswesens großes Interesse. Aber diesem Gedanken trägt der Entwurf nicht genügend Rechnung, insbesondere nicht in der Art und Weise, wie er die Feuerversicherung stempeln will. Es soll nämlich der Stempel für die Versicherung unbeweglicher Gegenstände gegenüber dem bisherigen preußischen Stempel auf das 5fache, für Versicherungen auf bewegliche Gegenstände auf das 25fache erhöht werden. Für die einfache Mobiliar-Feuerversicherung, die heute durchschnittlich eine Prämie von 0,75 pro Mille verlangt, bedeutet dies eine Verteuerung um 33 $^1/_3$ pCt., ja bei Vorauszahlung der Prämie auf 5 Jahre um 41 $^2/_3$ pCt. Für die Industrie, bei der im Durchschnitt die beweglichen Gegenstände sich zu den Gebäuden im Verhältnis von 4 : 1 verhalten, wird nach meinen Untersuchungen die Feuerversicherung um etwa 10 pCt. verteuert. Wenn die Begründung für diesen hohen Stempel anführt, man wolle auf diese Weise den Besitz steuerlich erfassen, so übersieht man, daß die große Masse der beweglichen Gegenstände sich aus dem Haushalt zusammensetzt und auch dieser in der Mehrzahl der Fälle nur das Notwendigste enthält. Geht man mit einer derartig scharfen Steuer gegen das Mobiliar-Feuerversicherungswesen vor, so ist zu befürchten, daß diese Versicherung, die heute schon schwer in den unteren Kreisen des Mittelstandes und in Arbeiterkreisen Eingang findet, dort in Zukunft noch auf größere Schwierigkeiten stoßen wird. Dazu kommt, daß eine Trennung zwischen beweglichem und unbeweglichem Eigentum sehr schwer ist. In unseren Feuerversicherungspolicen machen wir einen Unterschied zwischen Gebäuden und Inhalt. Aber unter dem Inhalt werden auch die fest mit dem Gebäude verbundenen Maschinen aufgeführt, die wesentliche Bestandteile des Gebäudes sind. Man müßte also in Zukunft diese Maschinen mit den Gebäuden zusammen deklarieren. Dadurch wird aber die sehr wertvolle Form einer summarischen Deklaration der gesamten maschinellen Anlage, die sich immer mehr einbürgert, unmöglich. Die Aufräumungskosten werden in der Regel derart versichert, daß als Versicherungssumme 1 pCt. des Wertes der Gebäude und des Inhalts genommen wird. Man müßte in Zukunft auch hier eine Trennung vornehmen. Fraglich ist, zu welcher Art die Betriebsunterbrechungs-Versicherung zu rechnen ist. Soll für sie etwa der Stempel für bewegliches Eigentum Anwendung finden? Das wird die Einführung dieser für die Industrie sehr wichtigen Versicherungsart, der bisher schon die hohen Prämien entgegenstehen, noch mehr erschweren. Es scheint mir deshalb das Praktischste, von einer Unterscheidung zwischen der Versicherung beweglichen und unbeweglichen Eigentums abzusehen und einen einheitlichen Stempel zu erheben, bei dem man bis auf das 5fache des jetzigen preußischen Stempels hinausgehen mag, d. h. bis zu dem Betrage, den die Vorlage für die Immobiliar-Feuerversicherung vorsieht.

Für die Lebensversicherung soll der Stempel 1 pCt. der Prämie betragen, während bisher eine einmalige Abgabe erhoben wurde, die sich zwischen 50 Pf. und 2 M. pro 1000 M. Versicherungssumme bewegte. Dies bedeutet gegenüber dem bisherigen preußischen Stempel eine durchschnittliche Erhöhung um das 15fache. Unstreitig wird dieses der weiteren Entwickelung der Lebensversicherung Eintrag tun. Wenn die Begründung sagt, man wolle hier die Kapitalbildung besteuern, so übersicht sie, daß die Hauptaufgabe der Lebensversicherung die Versorgung der Hinterbliebenen und nicht das Sparen eines Kapitals ist. Sie übersieht aber ferner, daß eine große Zahl von Policen beliehen sind, z. B. um Mittel für die Aussteuer der Tochter zu erhalten, um in Notfällen Schulden zu bezahlen und dergl. Es würde auch der Stempel von diesem Betrag zu erheben sein, so daß also nicht das sich bildende Kapital, sondern im Gegenteil die Schulden versteuert würden. Man wird auch hier den Wunsch aussprechen, daß eine Ermäßigung des Stempels eintritt, und am Zweckmäßigsten wäre es wohl, wieder zu dem einmaligen Stempel zurückzugreifen, den man ja, um dem Reich neue Einnahmen zu erschließen, etwas erhöhen kann, vielleicht auf 3 M. pro 1000 M. Versicherungssumme.

Nun zur Transportversicherung. Die Vorlage nimmt sich den Hamburger Stempel zum Vorbild. Aber Hamburg hat eine Besteuerung der Transportversicherung 1813 eingeführt, als man besondere Einnahmen zur Deckung der Kriegsschäden brauchte, und bei dem weiteren Ausbau seines Steuersystems auf diesen Stempel Rücksicht genommen. Es läßt sich nun nicht aus dem Steuersystem eines

Bundesstaates eine besondere Steuer herausgreifen und auf das Reich übertragen, weil ja auch die anderen Dinge nicht so im Reich liegen wie in Hamburg. Dazu kommen technische Schwierigkeiten. Das Schwergewicht der Transportversicherung liegt in der Güterversicherung. Diese wird von den großen Firmen in der Regel in der Form einer Generalversicherung abgeschlossen, bei der zunächst nur der Prämiensatz vereinbart wird. Die Prämie selbst ergibt sich auf Grund der Anmeldungen der im Laufe des Jahres stattfindenden Transporte. Bei großen Firmen handelt es sich um viele Tausende solcher Anmeldungen, die wiederum die verschiedenartigsten Prämien erfordern. Es wird für den Agenten eine fast unüberwindliche Arbeit sein, für jede dieser Anmeldungen den entsprechenden Stempel zu berechnen. In Hamburg liegt das Geschäft in den Händen der Makler, die seit Jahrzehnten an diese Stempelung gewöhnt sind und ein für diese Zwecke geschultes Personal besitzen. Was aber der große Makler im Laufe der Zeit zu leisten gelernt hat, wird man von dem kleinen häufig wechselnden Agenten des Binnenlandes nicht verlangen können. Auch werden die versicherten Güter ja schon in der Feuer- und häufig auch in der Einbruch-Diebstahl-Versicherung durch den Stempel erfaßt, so daß hier eine Doppelbesteuerung vorliegt. Ich halte es daher für zweckmäßig, mindestens die Güterversicherung von der Stempelpflicht zu befreien und sich auf einen mäßigen Stempel für die Schiffsversicherung und einen höheren für die Automobilversicherung zu beschränken. Letztere Versicherung, die ja mit Recht als Unterart der Transportversicherung behandelt wird, kann einen höheren Stempel, etwa $^1/_4$ pro Mille vertragen. Es würde dann bei einem Automobil im Werte von 10 000 M. der Stempel nur 2,50 M. betragen, während die Prämie mehrere hundert Mark ausmacht.

Für die übrigen Versicherungszweige werden bis auf die später zu nennenden Ausnahmen durchweg die bisherigen bundesstaatlichen Stempel erhöht. Aber es handelt sich im allgemeinen nicht um solche Beträge, daß dadurch die Versicherung sehr wesentlich verteuert wird oder die Gefahr einer Hemmung der Entwickelung besteht. Vom Standpunkt aus, daß dem Reiche neue Einnahmen erschlossen werden müssen, kann man sich daher mit diesen Stempeln einverstanden erklären.

Befreit bleiben die zur Sozialversicherung gehörigen Verträge, was man ohne weiteres für berechtigt erachten wird, ferner die Rückversicherung und die Hagel- und Viehversicherung. Diese beiden letzteren Versicherungszweige hat man offenbar befreit, um der Doppelbesteuerung zu entgehen, aber wohl auch aus dem Grund, weil es sich hier um Versicherungszweige handelt, die infolge ihrer recht hohen

Prämien erst langsam in der Landwirtschaft Eingang finden, aber wegen ihrer großen Bedeutung jeder Förderung bedürfen. Ich bin der Ansicht, daß in den Kreisen des Centralverbandes Deutscher Industrieller man gern damit einverstanden sein wird, wenn man in diesen Punkten den berechtigten Bedürfnissen der Landwirtschaft Rechnung trägt. Auf der anderen Seite kann aber die Industrie verlangen, daß gegenüber ihren Wünschen, die nicht minder berechtigt sind, seitens der gesetzgebenden Faktoren die gleiche Rücksicht beachtet wird. (Beifall.)

Vorsitzender: Ich eröffne die Diskussion.

Geheimer Oberfinanzrat **Müller**-Berlin: Ich bin mit den Ausführungen über die Gesellschaften mit beschränkter Haftung und über die Versicherungen ganz einverstanden. Was aber die Nummer 1 anbetrifft, so hat sich meines Dafürhaltens hier leider ein Irrtum eingeschlichen. Wenn es unter b) heißt, daß an Stelle des Ausgabewertes wie bisher der Nennwert der Aktien bei Bemessung der Stempelsteuer maßgebend sein soll, so ist das nicht ganz richtig. Bei inländischen Gesellschaften und insbesondere bei Kapitalserhöhungen ist schon jetzt immer der Ausgabewert zur Besteuerung herangezogen worden und nicht der Nennwert, und bei den Fusionen ist schon bisher nicht der Nennwert der ausgegebenen Aktien besteuert worden, selbst wenn bei der Fusionierung ausdrücklich ausgesprochen ist, die Aktien werden zum Nennwert den Aktionären der aufzunehmenden Gesellschaft angeboten, sondern da ist immer berechnet worden, wie hoch der innere Wert der aufzunehmenden Gesellschaft zu schätzen sei, und danach ist verfahren worden, und es ist sogar immer ignoriert worden, daß, wenn eine Kapitalserhöhung erfolgt, die Moyenne des Ausgabewertes der jungen Aktien und der der alten Aktien dadurch verändert wird. Es wird doch das Aktienkapital dadurch größer, das auf den Reingewinn angewiesen ist. Ebenfalls ist bei komplizierten Kapitalserhöhungen, wo teils den alten Aktionären ein Angebot auf Aktien gemacht worden ist und ein anderer Teil zur Fusion verwertet worden ist, ganz ignoriert worden, daß durch die Ausgabe junger Aktien, die den alten Aktionären beispielsweise zu 150 pCt. angeboten werden, während die alten Aktien 200 pCt. standen, der Kurswert der alten Aktien ermäßigt wird, während jeder Börsenmann ganz genau weiß, daß bei Ausgabe junger Aktien der Kurs der alten Aktien um den Wert des Bezugsrechts herabgesetzt wird. Der Unterschied zwischen dem bisherigen Zustande besteht bei inländischen Gesellschaften darin, daß der preußische Landesstempel nach dem Nennwert erhoben wurde, und zwar bei der höchsten Staffel in Höhe von $1^1/_2$ pCt. Das wird nun zusammengeworfen mit dem Reichsstempel, der vom Ausgabewert berechnet wird, und dadurch kommt natürlich eine Erhöhung der Stempellast zustande. Die Stempellast ist bereits nach den gegenwärtig bestehenden Sätzen so, daß Fusionen nur noch ganz ausnahmsweise möglich sind. Daher wird jetzt die Form von Interessengemeinschaften gewählt, wo der Stempel vermieden wird. Die Fusion kann einfach diese Last nicht mehr tragen, außer in Ausnahmefällen.

Nun scheint mir die Aussicht, daß hier dem Antrag entsprochen wird, auch hinsichtlich des Teiles der neuen Stempelabgabe, der an Stelle des preußischen Landesstempels treten wird, sehr gering zu sein, so daß ich empfehlen möchte, von diesem Absatz ganz abzusehen.

Dasselbe bezieht sich auf Absatz c. Erstens werden Auslandsaktien hier in sehr geringen Mengen gehandelt. Es sind ein paar russische Bankaktien und die Aktiengesellschaft Nobel, die hier eingeführt worden sind. Sonst handelt es sich um Aktiengesellschaften, die mit deutschem Kapital im Auslande errichtet worden sind, weil die ausländische Gesetzgebung, die Zollgesetzgebung namentlich, den Import der Produkte der inländischen Aktiengesellschaften verhindert. Also aus demselben Grunde, aus dem Tochtergesellschaften unserer Textilfabriken in Amerika gegründet worden sind, haben Elektrizitätsgesellschaften, Maschinenfabriken usw. in Rußland Tochtergesellschaften für den dortigen Verkehr gegründet. Es scheint mir doch ein inländisches Interesse vorhanden zu sein, daß diese Transaktionen nicht wesentlich erschwert werden. Es handelt sich überhaupt nicht um ein wesentliches Interesse. Das, was dem deutschen Kapital und der deutschen Industrie entzogen wird durch diese ausländischen Aktien, wird reichlich aufgewogen durch das Interesse der deutschen Industrie, welches darin besteht, daß sie auf dem Wege von Tochtergesellschaften im Auslande Absatz findet, und ich glaube, man täte besser, b und c zu streichen und sich auf die meines Erachtens auch platonische Aufforderung zu beschränken, daß die bisherige Staffelung des preußischen Landesstempels zur Schonung der kleineren Gesellschaften beibehalten wird. Nützen wird es auch nichts. Aber das ist jedenfalls eine Forderung, die man teilen kann. b ist falsch und müßte ganz anders redigiert werden, um richtig zu werden, und c erscheint mir bedenklich.

Vorsitzender: Meine Herren, es meldet sich niemand mehr zum Wort. Dann schließe ich die Diskussion und gebe dem Herrn Berichterstatter das Wort.

Berichterstatter Professor Dr. **Moldenhauer**-Cöln: Ich möchte zu den Bemerkungen des Herrn Geheimrat Müller nur erwähnen, daß nach dem Reichsstempelgesetz es im Tarif unter Nr. 1 heißt: „Inländische Aktien usw." und der Nachsatz: „vom Nennwert". Da dies die gesetzliche Bestimmung ist und da die Vorlage ausdrücklich statt des Nennwertes jetzt den Ausgabewert erwähnt, so habe ich die Resolution entsprechend gefaßt. Da, wie bereits erwähnt, auch Herr Dr. Beumer seinerseits dieselbe Auffassung vertreten hat, darf ich bitten, es bei der vorgeschlagenen Fassung zu belassen.

Geheimer Oberfinanzrat **Müller**-Berlin: Hier sitzt ein Leidtragender unter uns, Herr Geheimrat Kirdorf, der am eigenen Leibe erfahren hat, daß meine Angabe richtig ist. (Geheimer Kommerzienrat Kirdorf: Stimmt!) Das ist eine Sache, die uns ja sehr geläufig ist. Bei den Banken haben wir mit dem Steuerfiskus unzählige Prozesse gehabt, und es ist genau so, wie ich gesagt habe.

Professor Dr. **Moldenhauer**-Cöln: Selbst wenn das richtig wäre, was ich im Moment natürlich nicht nachkontrollieren kann, so würde bestehen bleiben, daß der preußische Stempel sich bisher nach dem Nennwert gerichtet hat. (Widerspruch.)

Vorsitzender: Gegenüber der Praxis ist es vielleicht doch besser, Sie lassen diese beiden Punkte fallen, nicht wahr?

Professor Dr. **Moldenhauer**-Cöln: Dann will ich ganz gern b streichen, weil mir nachgewiesen ist, daß meine Ansicht nicht mit der Praxis übereinstimmt. Dagegen möchte ich c aufrecht erhalten. Sind es wenige ausländische Aktien, so wird es ja nicht soviel ausmachen. Aber im Interesse der Gleichmäßigkeit würde ich es für berechtigt erachten, daß inländische und ausländische Aktien gleichgestellt werden. Es braucht sich durchaus nicht um diese genannten Fälle zu handeln, sondern es soll sich gerade um ausländische Aktien handeln, die hier gehandelt werden und die nicht inländisches Kapital betreffen, das im Auslande zur Errichtung von Filialaktiengesellschaften investiert ist.

Geheimer Oberfinanzrat **Müller**-Berlin: Was das erste anbetrifft, so ist es zweifellos so, wie ich gesagt habe, daß der Reichsstempel, der bisher 3 pCt. betrug, nicht nach dem Nennwert, sondern nach dem Ausgabewert erhoben wird. Die Praxis war bisher: Bei neuerrichteten Gesellschaften ist nicht nachgeforscht worden, wie der Wert der Illaten ist. Also wenn ein Privatunternehmen in eine Aktiengesellschaft zu so und soviel Aktien umgewandelt wird, dann ist bei der ersten Errichtung der Aktiengesellschaft nicht nachgeforscht worden nach dem inneren Wert, aber bei Kapitalerhöhungen, und das ist ja, was die Zahl der auszugebenden Aktien anbetrifft, der weitaus größere Betrag, und bei Fusionen ist regelmäßig nach dem Ausgabewert verfahren worden. Ich halte es für sehr schwer, eine Formulierung zu finden, die zum Ausdruck bringt, daß bezüglich desjenigen Teiles der Stempelabgaben, der an Stelle des preußischen Landesstempels tritt, der Nennwert gelten soll. Ich wüßte momentan keine Formulierung dafür zu finden und halte es auch für aussichtslos, daß das im Reichstag akzeptiert wird.

Was aber die ausländischen Aktien anbetrifft, so liegt meines Erachtens ein Interesse des deutschen Kapitals vor, für diejenigen Gründungen, die es im Auslande vorgenommen hat, die möglichst günstigen Bedingungen, die möglichst geringe Belastung zu erhalten. Es ist doch überhaupt schon etwas bedenklich, daß, während wir uns sonst gegen Erhöhungen der Stempelsätze wehren, wir in diesem Falle etwas verlangen, was über die Regierungsvorlage hinausgeht. Die Regierung hat ja auch gute Gründe gehabt, hier von den sonstigen Erhöhungswünschen abzusehen. Ich weiß nicht, was für Gründe aus den Handelsverträgen herzuleiten sind. Es könnte doch unter Umständen sehr fatal sein, wenn da Reziprozitätsverhältnisse gestört würden, und es kann uns jo unter Umständen sehr unangenehm sein, wenn im Auslande nunmehr gegen dort eingeführte deutsche Aktien in der Weise Stellung genommen wird. Also es läßt sich schwer übersehen. Es ist ein Antrag auf Erhebung eines von der Regierung gar nicht verlangten Stempels, und deshalb möchte ich doch bitten, bei der Zweifelhaftigkeit der Sache, das zu streichen. Es ist ja keine Möglichkeit vorhanden, heute darüber noch eingehendere Studien anzustellen. Ich war nicht darauf vorbereitet.

Vorsitzender: Meine Herren, wir kommen jetzt zur Abstimmung. Von Herrn Geheimrat Müller ist der Antrag gestellt worden: 1b und c zu streichen. Im übrigen sind Abänderungsanträge zu dem Beschlußantrage nicht gestellt worden.

Ich lasse zunächst über den Streichungsantrag des Herrn Müller abstimmen. Diejenigen Herren, welche gegen den Antrag sind, bitte ich, sich zu erheben.

Der Antrag ist einstimmig angenommen.

Ich lasse nun abstimmen über den Beschlußantrag in der neuen Formulierung, also unter Berücksichtigung des Antrages des Herrn Geheimrat Müller.

Generaldirektor **Grau-Kratzwiek**: Da jetzt etwas Wirrwarr in diese Resolution hineingekommen ist, möchte ich empfehlen, daß wir vielleicht den Herrn Vorsitzenden bitten, sie abzuändern, und zwar nach Vereinbarung mit Herrn Geheimrat Müller oder vielleicht mit ein paar anderen Herren, die er sich dazu kooptiert, und erst dann die Sache abgehen zu lassen. Wir können im Moment nicht beurteilen, ob nach Streichung von b und c sich der Nachsatz auch vollkommen deckt. (Zuruf: Das hat gar nichts damit zu tun!)

Vorsitzender: Es fallen ja nur die Punkte b und c weg.

Generaldirektor **Grau**: Also alles andere stimmt? (Wird bejaht.) Dann bin ich zufrieden.

Vorsitzender: Ich bringe nun den ganzen Antrag unter Berücksichtigung des eben gefaßten Beschlusses auf Streichung von b und c zur Abstimmung. Diejenigen Herren, welche gegen die Annahme des Beschlußantrages in dieser Form sind, bitte ich, sich zu erheben.

Der Antrag ist einstimmig angenommen.

Nun, meine Herren, sind wir am Schlusse unserer Verhandlungen angelangt. Ich danke den Herren, die hier so lange ausgehalten haben, insbesondere auch dem Herrn Vertreter des Reichsamts des Innern, daß sie bis zum Schlusse unseren Verhandlungen gefolgt sind, und hoffe, daß aus den Beschlüssen, die der Ausschuß gefaßt hat, doch noch etwas Ersprießliches herauskommt. Namentlich wird ja das eingehende Referat und die eingehende Diskussion, die hier noch in Gegenwart der Herren Reichstagsabgeordneten stattgefunden hat, vielleicht auch für die weitere Behandlung der Wehrvorlage eine besondere Bedeutung bekommen.

Ich schließe die Sitzung.

Schluß 10¾ Uhr.

Beschlüsse

des Ausschusses des Centralverbandes Deutscher Industrieller in der Sitzung vom 11. Juni 1913.

I.

Unter dem Eindruck der politischen Ereignisse der letzten Zeit, die die Notwendigkeit verstärkter Kriegsbereitschaft auf das eindringlichste erwiesen haben, sowie in der Erkenntnis, daß die Stärke unserer Rüstung nicht nur die zuverlässigste Bürgschaft des Friedens, sondern auch die unerschütterliche Grundlage unserer nationalen und wirtschaftlichen Machtstellung ist, begrüßt der Centralverband Deutscher Industrieller die von den verbündeten Regierungen eingebrachte Heeresvorlage mit Genugtuung und spricht die Erwartung aus, daß der Deutsche Reichstag bei der Entschließung sowohl über die Wehrvorlage wie über die Deckungsvorlagen parteipolitische Erwägungen beiseite stellt, um im Interesse des deutschen Vaterlandes die schleunige Durchführung der militärischen Maßnahmen zu ermöglichen.

Er erachtet eine alsbaldige Verabschiedung der gesetzgeberischen Vorlagen, insbesondere auch der Vorlagen wegen der Deckung der laufenden Kosten für die Heeresvermehrung auch aus dem Grunde für dringend erforderlich, weil eine Verschleppung der Entscheidung in weite Kreise unserer erwerbstätigen Bevölkerung eine starke Beunruhigung hineintragen würde und weil vor allem die deutsche Industrie, die im Falle einer jeden Erhöhung der Steuerbelastung mit einer weiteren Steigerung ihrer Selbstkosten zu rechnen hat, durch eine solche Unsicherheit in ihren geschäftlichen Unternehmungen schwer beeinträchtigt werden würde.

Diese Gefährdung wichtiger wirtschaftlicher Interessen hintanzuhalten, erscheint um so mehr geboten, als Handel, Gewerbe und Industrie durch die Erhebung eines einmaligen Wehrbeitrages schon an sich in außergewöhnlicher Weise belastet werden. Zu diesem einmaligen Wehrbeitrage an ihrem Teile beizutragen, erklärt sich trotzdem die im Centralverband Deutscher Industrieller vereinigte Industrie mit

Rücksicht auf die eingangs angeführten Gründe einmütig bereit. Sie glaubt indessen, hierbei betonen zu sollen, daß die Rechtfertigung dieser außerordentlichen, sich als eine direkte allgemeine Besitzsteuer darstellenden Maßnahme lediglich in der Einmaligkeit der Erhebung der Abgabe erblickt werden kann und daß eine Wiederholung dieses Vorganges für unser gesamtes deutsches Wirtschaftsleben als geradezu verhängnisvoll erachtet werden müßte.

Der Centralverband Deutscher Industrieller gibt der Ansicht Ausdruck, daß eine scharfe Abgrenzung der Verteilung der Steuern zwischen dem Reiche und den Bundesstaaten, wie sie der Altreichskanzler Fürst Bismarck zum Grundsatz erhoben hat, auch fortan aus finanzpolitischen und staatsrechtlichen Gründen eine unbedingte Notwendigkeit ist und daß daher nach Wesen, Entstehung und Entwickelung des Reiches dieses für die Deckung seines Geldbedarfs in erster Linie auf die Zölle sowie die Abgaben auf Verbrauchs- und Aufwandsartikel angewiesen ist, während den Bundesstaaten die direkten Steuern als die ihnen allein zur Verfügung stehende Steuerquelle zu überlassen sind.

II.

Der Centralverband Deutscher Industrieller hat mit lebhaftem Bedauern davon Kenntnis genommen, daß durch die Beschlüsse der Budgetkommission in der ersten Lesung des Gesetzes über den einmaligen Wehrbeitrag die Doppelbesteuerung des in Aktien repräsentierten Steuerobjekts aufrecht erhalten worden ist, und spricht die Hoffnung aus, daß diese Doppelbesteuerung bei den weiteren Beratungen der Kommission beseitigt werden wird.

Es muß des weiteren erwartet werden, daß für die Ermittelung des Vermögens eine möglichst einfache Formel gefunden wird, um vor allem die sonst unvermeidlich zu erwartenden zahlreichen Differenzen mit den Einschätzungsbehörden nach Möglichkeit zu vermeiden.

Diesem Erfordernisse wird aber in keiner Weise entsprochen im Falle einer Besteuerung auf der Grundlage eines überhaupt nicht zutreffend festzustellenden **gemeinen** Wertes als Vermögens der Erwerbsgesellschaften.

Der Centralverband gibt vielmehr der Ansicht Ausdruck, daß zu diesem Zwecke bei der Ermittelung des Vermögens der auf Grund einer durchschnittlichen Berechnung des Reingewinnes einzusetzende Ertragswert oder der Ertragswert nach Maßgabe des Verhältnisses zwischen Reingewinn und Aktienkapital zugrunde gelegt wird.

III.

Der Centralverband Deutscher Industrieller hält:

1. die Einziehung eines einmaligen Wehrbeitrages vom Vermögen bzw. Einkommen in einer Höhe, welche den Bedarf der einmaligen Kosten der Heeresverstärkung übersteigt, für politisch und wirtschaftlich bedenklich, insbesondere die Verwendung eines darüber hinausgehenden Betrages zur Deckung eines etatsmäßigen Defizits oder gar zur Schuldentilgung für ungerechtfertigt. Ein etwa bei Einziehung des Beitrages sich ergebender Mehrbetrag muß zur Ermäßigung der zweiten und dritten Rate dienen;
2. eine Steigerung der Beitragsstaffel über höchstens 1 pCt. des effektiv veranlagten Vermögens und über eventuell ergänzungsweise heranzuziehende 4 pCt. des Jahreseinkommens aus gewinnbringender Beschäftigung für unzulässig und konfiskatorisch;
3. eine fiktive Umwandlung des unfundierten Jahreseinkommens in ein durch willkürliche Multiplikation konstruiertes steuerpflichtiges Vermögen für eine grundsätzlich verfehlte und einseitige Belastung der Erwerbstätigkeit und betrachtet ein gesetzgeberisches Vorgehen in dieser Richtung als den verhängnisvollen Anfang einer Umwälzung der bestehenden, auf das Privateigentum aufgebauten Wirtschaftsordnung.

IV.

Der Centralverband Deutscher Industrieller steht der Absicht, an Stelle der verschiedenen bundesstaatlichen Stempel für Gesellschaftsverträge und Versicherungen einen einheitlichen Reichsstempel zu setzen, sympathisch gegenüber. Es wird hierdurch ein seit Jahren von den deutschen Versicherungsgesellschaften geäußerter Wunsch erfüllt. Auf der anderen Seite kann der Centralverband sich aber nicht verhehlen, daß der Entwurf im einzelnen eine Reihe schwerwiegender Bedenken hervorruft, deren Berücksichtigung seitens der gesetzgebenden Körperschaften dringend erwartet werden muß.

1. Bei den Vorschriften über die Stempelung der Verträge der Aktiengesellschaften ist zu fordern, daß die bisherige Staffelung des preußischen Landesstempels zur Schonung der kleineren Gesellschaften beibehalten wird.

2. Wenn die erhebliche Mehrbelastung der Gesellschaften mit beschränkter Haftung beschlossen werden sollte, so ist doch mindestens zu fordern, daß Gesellschaften, die den Erwerb oder die Verwertung

von Grundstücken betreiben, nicht schärfer zur Stempelsteuer herangezogen werden als die übrigen. Diese Forderung entspricht der Rücksicht auf den schon schwer genug belasteten Grundbesitz, zumal der Umsatzstempel von $^2/_3$ pCt. zunächst aufrecht erhalten wird.

3. Bei einer Versteuerung des Versicherungswesens ist in erster Linie darauf Rücksicht zu nehmen, daß die volkswirtschaftlich wertvolle Ausbreitung der Versicherung als eins der besten Mittel zur Einkommenssicherung nicht gehindert wird. Diesem Gedanken trägt der Entwurf nicht genügend Rechnung, da er zum Teil Stempelbeträge vorsieht, die eine erhebliche Verteuerung der Versicherung bedeuten. Das gilt besonders von dem Stempel für die Feuerversicherung beweglichen Eigentums. Dazu kommt, daß die Unterscheidung der Feuerversicherung beweglichen und unbeweglichen Eigentums innerlich nicht begründet und praktisch schwer durchführbar ist. Es ist deshalb ein einheitlicher Stempel zu wählen, der den für die Versicherung unbeweglicher Gegenstände vorgesehenen Betrag möglichst nicht überschreiten sollte. Für die Lebensversicherung, wie die anderen Versicherungszweige sind Ermäßigungen der Beträge zu fordern, damit die Entwickelung dieser Versicherungszweige nicht ungünstig beeinflußt wird. Die Hauptart der Transportversicherung ist die Güterversicherung, die in der Regel in der Form einer laufenden oder Generalversicherung abgeschlossen wird. Die Erhebung einer Gebühr von den einzelnen zahlreichen zur Anmeldung gelangenden Transporten wird zu einer großen Belästigung der Beteiligten führen, wenn sie überhaupt praktisch durchführbar ist. Es erscheint aus diesem Grunde, aber auch mit Rücksicht auf die Gefahr des Abwanderns der Transportversicherung nach dem Ausland, zweckmäßig, mindestens die Gütertransportversicherung stempelfrei zu belassen. Der Befreiung der Hagel- und Viehversicherung von der Stempelpflicht stimmt der Centralverband zu, da es wünschenswert ist, daß diese für den Landwirt unentbehrlichen Versicherungszweige sich noch mehr einbürgern, als es bisher geschehen ist. Er erwartet dafür aber, daß auch in den anderen Stempelfragen den berechtigten Wünschen der Industrie Rechnung getragen wird.

Druck: Deutscher Verlag (G. m. b. H.).
Berlin SW 48, Wilhelmstraße 8.

FSC
www.fsc.org
MIX
Papier | Fördert
gute Waldnutzung
FSC® C083411

Kolibri 360 GmbH
Ferdinand-Jühlke-Straße 7
99095 Erfurt, Deutschland
produktsicherheit@kolibri360.de